Doruri Sfinte-Poezii

Doruri Sfinte-Poezii

In loc de "Prefata"

Cand sunt pe munte sus pe culmi de biruite
Imi da putere Doamne sa m-aplec in rugaciune
Iar de sunt jos in vai de-amar si suferinte
Ajuta-ma sa ma inalt spre cer mai sus de-orice genune

Marius Alexandru

Acelasi Susur Bland

Tu imi vorbesti si azi la fel ca prima data
Acelasi susur bland ce-l am in amintire,
Imi spune de iertarea ce mi-ai dat,
De Harul Tau nemarginit, nemeritat,
Despre a Ta Iubire!

Tu imi vorbesti Isuse iar si iar,
Aceiasi Soapta a Duhului, duioasa,
Imi spune de Golgota, de Calvar,
De jertfa Ta de pe altar,
De Inviere si de-Acasa!

Tu imi vorbesti si astazi cu putere,
Imi spui ca-mi esti alaturi si la bine si la greu,
Prin valurile-nvolburate, in durere,
Esti Stanca Vietii, esti alin si mangaiere,
Esti Tatal meu, esti Vesnic Dumnezeu!

Tu imi vorbesti Parinte zi de zi,
Ascult la glasul Tau in umilinta,
Ma inconjori cu binecuvantari si bucurii,
Si langa Tine orice-ar fi voi birui,
Caci Tu imi dai putere si credinta.

Tu imi vorbesti prin Sfantul Tau Cuvant,
Si lacrimile-mi curg iarasi pe file,
Iar Tu imi faci din sufletu-mi cazut si frant,
O facla vie, un poem, un cant,
In asteptarea minunatei, glorioase Zile!

Acelasi vechi dor

Privind rasaritul ma prinde-un fior,
Iar gandul imi zboara spre Tara de sus,
Tresalta in mine acelasi vechi dor,
Un dor dupa Casa, un dor de Isus!

In lumea aceasta sunt doar calator,
Caci Patria mea Sfanta nu e pe pamant,
Odata la Tata si eu o sa zbor,
Sau poate El vine curand... in curand.

Ma-nalt catre stele adesea in vis,
Si-n zori de lumina in lacrimi tresar,
Mai e doar o clipa si-n Locul promis,
Voi fi pe vecie cu Tine prin Har!

Aho, aho, frati si surori!

Aho, aho frati si surori,
Va urez de Sarbatori,
Pruncul Sfant, Maretul Dar,
Sa ne 'mbrace-n al Sau Har,
Pace-n inimi si cantare,
Dragoste in jur... iertare.
Zilnic noi sa fim lumini,
Cum sta bine la Crestini,
Sa fim sare pe pamant,
Sa avem acelasi gand,
Sa se vada-n noi Hristos,
Sa traim curat, frumos.
Sa fim balsam pentru rana,
Flamandului sa-i fim hrana,
Apa... celor insetati,
Haina... celor dezbracati
Parinti... penru cei orfani,
Ajutor... celor sarmani,
Mana-ntinsa spre cazut,
Celui slab, paza si scut.
Celor langa noi pe drum,
Sa le fim "un frate bun".
Cu cei tristi, sa stim a plange,

Impreuna, vom invinge.
Cu cei ce-s in bucurii,
Sa stim si noi a zambi.
Sa traim privind in sus,
Asteptand pe-al nost' Isus.

Aho, aho surori si frati,
Stati putin si nu plecati,
Vreau in anul care vine,
S-auzim numai de bine,
Sa fim cu toti sanatosi,
Fericiti, curati, frumosi,
Fie binecuvantare,
Peste a noastra Adunare,
Sa avem Hrana bogata,
Si cararea luminata,
Familiile ne prospere,
Sa-mplinim doar a Lui "vrere"
Bunici, parinti, copii si nepoti,
Impreuna-n Har cu toti,
Sa traim aici curat,
Preamarindu-L pe Imparat,
Sa fim plini de Duhul Sfant,
Cat vom mai fi pe pamant,
Iar de Domnul va veni,
La multi ani in Vesnicii!

Ajunge Regele Acasa

Rasuna-n prag de Sarbatoare,
Singur, trist un clopotel,
Si plang inlantuite razele de soare
Speranta, inca odata-n tara moare,
Iar umbre negre se coboara-ncet, peste Castel.

Se-aude vestea ca un vuiet peste vai;
Se-ntoarce Regele acasa!
El, ce nicicand n-a fost primit de-ai sai,
Se-ntoarce din surgiun si sumbre cai,
Tacut si mandru, parca nu-i mai pasa.

Troneaza-n vazul tuturor,
Nu mai asculta marsavele soapte,
Acum, parca iubit de-ntregul sau popor,
E multumit... si-a alinat ultimul dor,
Acasa! Sus pe catafalc, in noapte.

Ne lasa mostenire, dragostea si tot ce-i bun,
Si visul la o Romanie mai frumoasa,
Cu demnitate in ecoul salvelor de tun,
Coboara in pamantul vechi, strabun,
Ajunge Regele Acasa!

12/16/2017

Aleluia! versiune de Craciun (music Leonard Cohen)

Pe-un deal pastori, aud un cor,
Un cor ceresc, cantad vestesc,
Se naste, printre noi in lume Sfantul!

El Cel Promis, ca Salvator,
Se naste astazi tuturor,
Mantuitor, Rasuna Aleluia!

Aleluia! Aleluia! Aleluia! Aleluia!

Din departari, trei magi pornesc,
Sa se inchine ei doresc,
In stea ei au vazut... se naste-un Rege.

Aur, tamaie, smirna-n dar,
Ce au mai bun aduc pe-altar,
Cu viata lor se-nchina, Aleluia!

Aleluia! Aleluia! Aleluia! Aleluia!

Azi vin si eu, umil plecat,
Ma-nchin acestui Imparat,
Si cu-ai mei frati cantam toti - impreuna.

In iesle-n grajd cand mi-ai zambit,
Iubirea Ta m-a cucerit,
Iti voi canta mereu doar Aleluia!

Aleluia! Aleluia! Aleluia! Aleluia!

Tu Miel de jertfa la Calvar,
Murind Te-ai oferit in dar,
De-atunci ma poarta-n Bratele-I doar Harul.

Slavit sa fii, ai inviat,
Eu astazi sunt prin Har salvat,
Voi fi pe veci cu Tine Aleluia!

Aleluia! Aleluia! Aleluia! Aleluia!

Am facut liniste

Am facut liniste-n mine,
S-ascult cantecul ingerilor
Si am inchis ochii
Sa pot vedea Steaua,
Am deschis bratele,
Sa-Ti primesc imbratisarea
Si-am cazut in genunchi la iesle,
Coplesit de Iubire.

Apare toamna

Apare toamna-n poezii,
O muza noua pentru fiecare,
Cad frunzele prin versuri aurii,
Si se astern poeme fermecate pe carare.

Apare toamna in cantari,
Izvoare freamata in coruri,
Rasuna cantul peste mari si tari,
Pe aripi de arama vantul poarta doruri.

Apare toamna-n dans de bucurie,
Tangoul unei vieti depline,
Belsug de Har in fiecare melodie,
O noua toamna minunata langa tine.

Apare toamna-n visuri noi,
In zambete, in lacrimi in iubiri,
E toamna-acum iubito-n amandoi,
O toamna lunga si frumoasa, plina de-amintiri.

Aripi

Mi-am facut aripi din dragoste si credinta,
Si m-am lasat in voie coplesit de dor,
De Cer, de Casa Noua, de fagaduita,
Uitand pe loc de orice suferinta,
M-am imbracat in stele si-am inceput sa zbor.

Mi-am facut aripi din iubire si har,
Si ascultand cum ingeri canta-n cor,
Am fost cuprins de foc, de-al vesniciei jar,
Si pentru-o clipa, am uitat de greu, de-amar,
M-am imbracat in soare si-am inceput sa zbor.

Mi-am facut aripi din nadejde si speranta,
Si m-am simtit indata liber, ca un fulg usor,
Eliberat de lanturi, plin de pace, siguranta,
Am inteles ca nu exista timp, distanta...
Si dezbracat de "mine" am inceput sa zbor.

Arta de a invinge

Sa stii sa taci cand ai dreptate,
Si-apoi sa razi cand inima te doare,
Sa-ti fie mersul plin de demnitate,
Si sufletul sa poti sa-l lasi sa zboare.

Sa poti zambi cand toata lumea plange
Chiar cand speranta, cea din urma… moare,
Cand tot ce ai si esti, incet, incet se frange
Sa poti sa te ridici si sa privesti spre soare.

Cand prietenii, cu toti, pe rand te-au parasit
Si intristarea te apasa zilnic, greu
Cand esti uitat si singur… necajit
Sa poti pastra Credinta vie-n Dumnezeu.

E-o alta sfanta, "arta de a invinge"
Puterea fara margini ce-ai primit in dar,
Prin Cruce, Dragoste… prin Sange,
Prin Inviere, Viata si prin… Har!

As vrea copilul meu sa stii

Azi ti se deschide-n fata un drum nou,
Al vietii unic, minunat tablou,
Multimea de culori te-asteapta sa pictezi,
Tot ce-ti doresti si-ai indraznit ca sa visezi.

As vrea copilul meu sa stii,
Ca langa tine vesnic eu voi fi,
Si-o sa te port in inima-mi mereu,
Intotdeauna si la bine si la greu.

Si de-as putea ti-as presara pe cale,
Doar flori de nufar si petale,
Ti-as pune-n drum izvoare cristaline,
Ca setea sufletului sa-ti aline.

Ti-as darui raze de soare, dimineata,
Sa-ti mangaie cu duiosie fata,
Si seara, toata bolta instelata,
Sa ai cararea pururi luminata.

Iar cand apar furtuni si vine greul,
Ti-as pune-n inima, Speranta-Curcubeul,
In nopti mai negre, mangaiere si balsam,
Ti-as da copilul meu, chiar tot ce am.

Ti-as da puterea prinsa-n valul marii,
Si libertatea pasarii in largul zarii,
Ti-as da si aripi albe ca sa zbori,
Ti-as da copilul meu multe comori.

Ti-as da, ti-as da...dar ce-am putut ti-am dat,
Te-am ocrotit si te-am iubit... te-am invatat,
Cum sa traiesti, ce-i bine si ce-i rau,
Cum sa iubesti pe semeni si pe Dumnezeu.

As vrea copilul meu sa stii,
Ca eu te port in ruga zi de zi,
Si vei primi cu mult mai mult in dar,
Caci Tatal Cel Ceresc te poarta-n Har.

Azi ti se deschide-n fata un drum nou,
Al vietii unic, minunat tablou,
Multimea de culori te-asteapta sa pictezi,
Traieste, iubeste si crezi!

As vrea sa fii cu mine azi de "Father's Day"

In Martie, uneori sunt trist, caci primavara tu-ai pasit in vesnicii,
Cand ghioceii inviau ne-ai parasit... parca prea dintr-o data,
N-ai vrea, macar o clipa, inapoi la noi sa vii?
De ce-ai plecat atat de iute? Mi-asa de dor de tine, tata!

Si in Aprilie, dorul iarasi ma inunda,
Adesea plang sub salcia inflorita, dar uitata,
Ah, ce n-as da pentru o clipa impreuna... o secunda,
De ce-ai plecat atat de iute? Mi-asa de dor de tine, tata!

In fiecare an, cand florile-nfloresc in Mai,
Si cand zambesc timizi toti macii in campia-mbujorata,
Imi amintesc cu drag de "ziua ta", cand langa mine tu erai,
De ce-ai plecat atat de iute? Mi-asa de dor de tine, tata!

In Iunie, as vrea sa fii cu mine, azi... de "Father's Day"
Si impreuna sa sarbatorim, la fel ca altadata,
Sa povestim pana tarziu in noapte, ca demult... pe "Filotei"
De ce-ai plecat atat de iute? Mi-asa de dor de tine, tata!

Atatea lucruri au ramas ne-spuse aicea jos,
Abia astep sa te reintalnesc, curand, in Tara Minunata,

Si-atunci vom povesti mereu langa Hristos,
Si nu-mi va mai fi dor de tine tata… niciodata!

As vrea sa fiu

As vrea sa fiu,
O raza ce saruta-n dimineti oceanul
Cand zorii se aprind in infinit,
Un fir de grau ce-mbraca-n aur lanul,
O stea care se "moare" aratand limanul,
Iubire si speranța-n marul inflorit.

As vrea sa fiu,
Un ghiocel, primul simbol de primavera,
Cand albul inca mangaie pamantul,
Un diamant stralucitor, o piatra rara,
Un vers duios pe-o coarda de vioara,
Spre Creator sa-mi poarte veșnic cantul.

Aa vrea sa fiu,
O soapta-n vantul care plange printre tei
Cand clipe de lumina rand pe rand se scurg,
Un sunet de trompeta, solul Dragostei,
Un clopotel de-argint chiar langa fratii mei
Strajer neobosit, pe ziduri, in amurg.

As vrea sa rup acele lanturi

As vrea sa rup acele lanturi,
Ce ma tin inca legat de tina,
Si dezrobit sa zbor spre ceruri,
Spre albastru, spre bolta senina...

Sa ratacesc apoi prin stele,
Ravasind... nemarginirea,
Eliberat pe veci de toate "ale mele"
Sa ma-ntalnesc din nou prin astri cu... Iubirea!

As vrea sa zbor

In dimineti invaluite-n rasarit de soare,
Cu roua lacrimilor mele, uneori, alint pamantul,
Si infloresc din nou cu fiecare floare,
Inmuguresc cu pomii pe carare,
Si-n sufletu-mi trudit se naste iarasi cantul.

In arsita cumplita, uneori, in miez de zi,
La umbra unui nuc, citesc Cuvantul,
Ce poate fi mai uimitor decat a sti,
Ca Dumnezeu vorbeste si te poate auzi?
Si soapta Lui imi naste-n suflet iarasi cantul.

In serile senine, uneori, spre stele lucitoare,
Cu pasarile-n zbor imi iau avantul,
Vad ingeri albi, zambind in departare,
Simt dulcea Dragostei chemare,
Si-n sufletu-mi trudit se naste iarasi cantul.

Sunt coplesit de Pace, Har si Bucurie,
Ascult cum inima imi bate-ncet... dor dupa dor,
Un ritm Divin, intr-o Eterna Simfonie,
Si pieptul meu vibreaz-a... Vesnicie,
Iar sufletul imi canta fericit "As vrea sa zbor!"

Asteapta

Cand lacrimi de durere-ti curg pe-obraz,
Sa stii ca-s boabe de margaritar in stralucire,
Sa stii ca-i trecator al tau necaz,
Un pas, o treapta doar, spre fericire.

Cand inima te doare si te simti infrant,
Priveste prin credinta la Calvar,
Inalta-ti gandul catre Cer, in cant
Si zilnic multumeste pentru Har.

Cand, poate ti se cere, pe nedrept sa suferi,
Pastreaza-n suflet nestirbita bucuria,
Fii alb, curat ca florile de nuferi,
Caci in curand te-asteapta Vesnicia.

Cand nu-ntelegi, atatea incercari,
Ridica-ti ochii cu speranta-n sus,
Nu mai e mult si printre nori, in zari
Vine Isus! Vine Isus!

Asteptand Toamna

Pe dealuri iarba se framanta,
Sunt tot mai multe vesti ca va veni-n curand,
Chiar pasarile parca altfel canta,
Iar frunzele se-astern in calea-i cate una, rand pe rand.

Se-agita florile-n gradini,
Stiind ca au pierdut al lor placut parfum,
Speriate ca-n curand vor fi si ele doar ciulini,
Uitate, parasite la o margine de drum.

Sus, un stol de cocostarci,
Sfatuiesc de zor un vechi ortac,
Ce-i cuprins de-un groaznic zgarci,

Sa coboare-usor la margine de sat, pe lac.

Randunicile... si ele
Isi fac bagajele-n pridvor,
Vor veni iar zile grele...
Deci se pregatesc de zbor.

Albinele s-au plictisit de viata,
Doar ceva greieri inca canta fara audienta,
In munti, copacii se ascund prin ceata,
Vorbind in soapte tot mai mult de-a ei prezenta.

Pe ceru-albastru norii isi fac corturi,
Caci vor o vreme-aici sa poposeasca,
Se vede nu departe-n orizonturi,
Ea, Toamna in curand o sa soseasca.

Asteptare

Azi trenul iar trece prin gara cea trista,
Grivei a rupt lantul... prin curte alearga,
O mama batrana, tresare pe prispa,
Asteapta copilul din lumea cea larga.

Batista cea alba, al iubirii stindard,
Flutura intr-una in nucul batran,
Iar ochii ei negri privesc peste gard,
Si vreme de ceasuri acolo-i raman.

Copacii pe cale ii par toti copii,
Ce vin fiecare la mamele lor,
Doar tu dragul mamei... de ce nu mai vii?
Ma sting in suspine, de dor o sa mor!

Ii cad lacrimi calde in praful din drum,
Si-o raza de soare sclipeste in tina,
E-aproape de seara, tarziu e de-acum,
Dar poate ca maine copilu-o sa vina?!

Se trec anotimpuri peste satul uitat,
Grivei a murit... e-ngropat in gradina,
Suiera trenul... mama tresare, bolnava in pat,
Poate ca astazi copilu-o sa vina?!

Se trec anotimpuri si mama-a trecut,
Doar nucul batran strajuieste-n ograda,
In gara cea trista, in lacrimi coboara, copilul tacut,
Vrea ultima data pe mama s-o vada.

Atata frumusete!

Atata frumusete nu poate fi-n zadar,
Atata frumusete ma-ndeamna sa traiesc,
Atata frumusete, e plin al meu pahar,
Atata frumusete, nu pot sa nu iubesc!

Atata frumusete in soare-n zori de zi,
Atata frumusete in zambetul tacut,
Atata frumusete in ochii de copii,
Atata frumusete in magicul sarut.

Atata frumusete in bradul vechi si brav,
Atata frumusete in pasari si cantari,
Atata frumusete in ghiocel suav,
Atata frumusete in calde-mbratisari.

Atata frumusete in Jertfa creatoare,
Atata frumusete in toate-n jurul meu,
Atata frumusete in stropi de roua, 'n Mare,
In atata frumusete il vad pe Dumnezeu!

Atata frumusete nu este in zadar,
Atata frumusete ma-ndeamna sa traiesc,
Atata frumusete invaluita-n Har,
Atata frumusete ma-nvata sa iubesc!

"Frumusetea este darul lui Dunnezeu"- Aristotel
"Frumusetea este insemnul lui Dumnezeu pe creatie"- Henry Ward Beecher
"Frumusetea este umbra lui Dumnezeu asupra universului"- Gabriela Mistral

Atinge-mi condeiul cu Soaptele-Ti Sfinte

In inima-mi plansa mai toarna cantare,
Prin lacrimi, sa curga iubirea din mine,
Prin zambet, credinta-mi spre stele sa zboare,
Si sufletu-mi odihneste, Isus langa Tine.

Fa-mi gandul un rob... ascultarii
De Tine, si Voia Ta Sfanta,
Si traiul mi-l fa... armonia cantarii,
Un glas ce-Adevarul cuvanta.

Fa-mi versul ca focul... fierbinte,
S-aduca caldura arzand pe altar,
Sa fie lumina pe cale 'nainte,
Sa-ndrepte, sa-ndrume... in noapte un far.

Atinge-mi condeiul cu Soaptele-Ti Sfinte,
Fiorul Iubirii sa simt iar si iar...
In varful penitei Tu pune-mi cuvinte,
Si-n Dragostea-Ti mare ma-mbraca in Har.

Atinge-mi sufletul cu Mana Ta de Tata

Dezleaga-mi Doamne funia veche-a firii,
Si rupe lanturi grele de pacate si povara,
Imbraca-ma cu hainele curate a Iubirii,
Si pune-mi pasii pe Cararea fericirii,
Spre minunata si eterna Primavara.

Deschide-mi ochii si mi-i fa sa vada,
Ajuta necredintei mele, da-mi putere,
Ca ghiocelul alb, tasnind de sub zapada,
La brat cu florile 'ntr-o sfanta cruciada,
Sa zbor mereu, voios spre Inviere!

Atinge-mi sufletul cu Mana Ta de Tata,
Si umple-mi inima cu bucurie,
Nicicand sa nu mai fie framantata,
Si pentru Tine zilnic, ea duios sa bata,
Cu dragoste si dor de Vesnicie.

Autourare

Astazi chiar de ziua mea
Vreau sa-mi scriu o poezie
Si urarea sun-asa;
La multi ani draga badie!

Sa-mi dea Domnul ce-mi doresc
Chiar mai mult, …. varf si-ndesat
Asta astazi imi doresc
Sa fiu binecuvantat!

Sa am parte doar de bine
Si sa fiu voios mereu
E urarea pentru mine;
Ma-nsoteasca Dumnezeu!

El sa-mi fie paza, scut
Si Lumina pe carare
Asta astazi l-am cerut
Ma pastreze-n Bratu-I tare.

Ma-nconjoare cu-al Sau Har
Pana la a Lui Venire
Si umil ii cer in dar
Sa ma-mbrace cu Iubire.
……………………………………

Si-L mai rog, ani de-or mai fi,
Sa nu fie irositi
Sa tot scriu pe poezii
Pana toti va plictisiti!

Azi a mai plecat un sfant

De prin vaile durerii
A batranului Pamant
Spre Lumina Invierii
Azi a mai plecat un sfant.

Din planeta blestemata
Spre Orasul Vesnic Nou
Azi a mai plecat un "tata"
A plecat azi un erou.

Dintr-o lume cu-ntristari
Spre a Cerului Cetate
Lin se "pierde" printre zari
Plin de pace-al nostru frate.

Si-a sfarsit azi alergarea
A facut ultimul pas
Cand a auzit chemarea;
"Fiul meu vino Acas'!"

Bucuros pragul paseste
Poarta alba s-a deschis,
Insusi Domnul il primeste
In eternul Paradis.

Orice lacrima dispare…
Pace, Dragoste, Lumina!
Coruri canta o Cantare
Toti il asteptau sa vina.

Ah! Ce mare Sarbatoare!
Cine poate intelege?
Pentru mine? Ce onoare!
Da.Tu esti un Fiu de Rege!

Ai pastrat Credinta buna
Si prin Har ai fost salvat
Te-asteapta acum… Cununa
Pentru tot ce ai lucrat!
*
Fratele duios zambeste
Privind inspre noi de sus
Si-n Viata Noua porneste
Mana-n mana cu Isus!

Azi Toamna se trece

Cad lacrimi de frunze-n rugina si sange,
Cu vantul in vuiet ea geme si-si plange,
Trecutul de aur ce ieri l-a avut…
Atata splendoare ce iute-a trecut!

O raza timida razbate prin nor,
Si… ramuri uscate se 'nalta cu dor,
Dar, cad obosite si-n trosnet se frang,
Si-n linistea noptii le-auzi cum tot plang.

Carari de arama se-ntind spre neant,
Covor rece-al mortii, tablou dezolant,
Azi Toamna se trece, se stinge prin ploi,
Cedand locul Iernii cu neaua ei alba si… visele noi.

Bartimeu

Inlantuit de bezna noptii,
Cersea la margine de drum… visand Lumina,
Cu ochii inrobiti de "voia sortii",
Plangea incet recunoscandu-si vina.

Trecea Isus prin Ierihon din nou,
Inconjurat de ucenici si multe gloate,
Si rasuna prin frunze, vantul in ecou…
E langa tine-acum Acel ce Poate.

Fiul lui David, ai mila de mine!
Stapane, Te opreste, Indurare!
Arata-mi astazi slavile senine,
Isuse, ai mila… te rog… Iertare!

Raspunsul vine aspru, din multime;
Degeaba strigi si te-obosesti,
Ramai acolo-n praf si in rusine,

Orb te-ai nascut, orb sa traiesti!

Fiul lui David, ai mila de mine!
Rasuna si mai tare sufletul zdrobit,
Si... s-au deschis azi Portile Divine,
Isus stapanul lumii s-a oprit.

Ridica-te si indrazneste caci te cheama,
Si dintr-o data parca n-a mai fost durere,
Nici lanturi, nici rusine si nici teama,
Ma intalnesc cu Cel Ce-I Viata si Putere!

Ah, prin credinta, eu vad deja cerul,
Si soarele... si stele, luna si... izvorul,
Voi intelege astazi, pe deplin, misterul
Caci voi privi in fata insusi Creatorul.

Si zdrentele-au ramas in praf pe veci,
De azi eu voi avea o viata noua,
Voi admira maslinii pe poteci,
Si voi vedea, cu ochii mei, stropii de roua!

-Oh, Bartimeu, Copilul meu, ce iti doresti?
Iti daruiesc acum in dragoste orice ai cere!
-Rabuni, Domnul meu, stiu... ma iubesti!
De nu-i prea mult Stapane, doar atat... vedere!

Iesea Isus din Ierihon,
Raze de soare mangaiau duios gradina,
Iar frunzele cantau in vant la unison,
Si Bartimeu, cu ceru-n piept urma Lumina!

Isus aude orice strigat, orice soapta,
Si bucuros ofera mantuire,
El iti raspunde-n dragoste, te-asteapta,
Isus e si va fi, in veci de veci Iubire!

Trece Isus prin Ierihon din nou,
Se-opreste, si te cheama, iti intinde mana,
Si de milenii se aude-acelasi bland ecou,
Primeste-Ma si iti voi da pe veci Lumina!

Cand imi vorbesti coboara cerul pe pamant

Tu potolesti furtuna cu-al Tau glas,
Si printre nori apare-un curcubeu,
Imi amintesti ca esti cu mine pas cu pas,
In fiecare zi, in fiecare clipa, 'n orice ceas,
Si ca pe cale doar putin a mai ramas,
Curad voi fi in slava langa Tine, Dumnezeu.

Tu mangai orice rana cu-a Ta soapta,
Si-i alinare unde Mana Tu Ti-ai pus,
Chiar si nuiaua Ta de Tata-i dreapta,
Caci cu blandete si iubire ea indreapta,
Ma urca-n fiecare zi pe-o noua treapta,
Sa fiu mai mult asemeni Tie, scump Isus.

Cand imi vorbesti coboara cerul pe pamant,
Si toate-ngrijorarile dispar,
Am promisiuni in Sfantul Tau Cuvant,
Ce-mi dau puteri, noi aripi, si... avant,
In sufletul meu trist se naste iar un cant,
Si-s coplesit din nou de al Tau Har.

La glasul Tau intregul Univers tresare,
Toata Creatia-n admiratie Ti se-nchina,
Muntii inalti si vai, oceane... mare,
Lanuri de grau, paduri de brazi si orice floare,
Milionele de galaxi, stele, luna, soare
La fel ca prima data cand ai zis "fie lumina!"

Eu sunt al Tau copil, si-s cel mai fericit,
E-atata dragoste in glasul Tau de Tata,

Atat de mult Tu m-ai iubit,
In lumea neagra si murdara ai venit,
Pe cruce pentru mine ai murit,
Ca eu sa nu gust moartea niciodata.

Iti multumesc asa cum pot si stiu mai bine,
Ma-nchin cu-ntreaga mea fiinta si suflare,
Imi traiesc viata numai pentru Tine,
Tu esti Acel ce zilnic ma sustine,
Mai e putin si-n slavile divine,
Pe veci Iti voi aduce adorare.

Cand scriu

Cand scriu, eu scriu cu vorbe simple pentru fiecare,
Ele rasar din sufletul meu sincer de poet,
Vers langa vers le strang cu grija intr-un buchet,
Ce-mprastie apoi in jur, parfum curat de floare.

Cand scriu, astern emotii, amintiri, trairi, pe-a mea hartie,
Si-mpartasesc cu voi tristetea, zambetele, bucuria
Ca un arcus ce-si poarta grabnic melodia,
Pe corzile viorii in a lumii simfonie.

Cand scriu, pictez cu tonuri palide si delicate un tablou,
Iar nuatele vietii se ascund adesea in pastelul de culori,
Dar de privesti cu-atentie vei gasi valori,
Ce se repeta iar si iar, pe panza, in ecou.

Cand scriu, cuprins de doruri, imi las inima sa zboare,
Si caut muza, undeva, in departari la apogeu
Dar imi sopteste-n taina, chiar de langa mine, Dumnezeu
Si-atunci, din nou, cand scriu e Sarbatoare.

Cand sunt cuprins de-ngrijorari

Cand sunt cuprins de-ngrijorari,
Cand inima imi plange,

Tu-mi dai Isuse noi puteri,
Sa pot invinge.

Tu esti mereu salvarea mea,
Cand rana mea e mare,
Si-n incercarea cea mai grea,
'mi-esti alinare.

Tu esti a mea speranta,
Cu Tine-s fericit,
Imi dai credinta,
Si biruinta,
Pan' la sfarsit.

Eu merg cu dor pe cale,
Putin mai e de dus,
Nu va fi jale,
Doar Osanale,
In Cer langa Isus.

Si daca noaptea vine iar,
Si ma'mpresoara vina,
Tu ma inconjuri iar cu Har,
Si vad Lumina.

De aceea vreau sa-Ti multumesc,
Traind doar pentru Tine,
Sa-Ti spun Isuse; Te iubesc!
E-atat de bine.

Tu esti a mea speranta,
Cu Tine-s fericit,
Imi dai credinta,
Si biruinta,
Pana la-l meu sfarsit.

Eu merg cu dor pe cale,
Putin mai e de dus,
Nu va fi jale,
Doar Osanale,
In Cer langa Isus.

Cand

Cand pe furtuna-n bezna noptii apare un far,
Chiar de ma inspaimanta-nvolburata marea,
Imi amintesc de Dragoste, de Jertfa si de Har,
Imi amintesc ca am primit in dar salvarea.

Cand lacrimi multe uneori imi cad pe-obraz,
Si cand oftatu-mi se repeta intr-un nesfarsit ecou,
Ingrijorarile cand vin, talaz dupa talaz,
Ma poarta-n bratele-I de Tata, un Erou.

Cand obosit, vreau sa renunt si nu mai pot,
Cand sunt satul de-atata nedreptate si durere,
El imi sopteste; tu stii bine, "aicea" nu e tot,
Si ma imbraca iarasi cu a Lui putere.

Cand printre nori se-nalta-un curcubeu,
Si dintr-un colt de cer o stea-mi zambeste,
Imi amintesc c-al meu Parinte, Dumnezeu,
Din vesnicie-n vesnicie ma iubeste.

Cand imi vorbeste dintr-un rasarit de soare,
Cand razele fierbinti mi-aduc alin si mangaiere,
Imi amintesc ca Dragostea... nicicand nu moare,
Imi amintesc c-a fost o Inviere!

Cand vad apoi cum parca iar ca soarele, se frange in apus,
Imi amintesc ca eu sunt Fiul Sau iubit,
Imi amintesc ca la Calvar la cruce, pentru mine El s-a dus,
Ca in Lumina sa traiesc cu El in infinit!

Cautare

Ma plimb tacut si trist, prin ale mele ganduri,
E liniste, doar sufletul meu uneori suspina
Ma pierd ades' prin lungi, intortocheate labirinturi

In cautarea mea frenetica dupa… Lumina.

In taina noptii, plange inima-mi ranita,
Si lacrimile-mi curg intr-un ocean uitat de mult
Ingenunchiez, la poala crucii vechi… cea parasita
Si fericit, soapta Luminii regasite, o ascult!

Cea mai frumoasa Toamna-n viata mea

Cea mai frumoasa Toamna-n viata mea,
Sfarsit de Octombrie, undeva departe-n amintire,
Ai coborat din ceruri ca o raza de lumina, ca o stea,
Si ai nascut in sufletu-mi o noua, unica, iubire.

Ceva special, ce nu am cunoscut 'nainte
Un sentiment ce nu il pot descrie,
A fost iubirea, dragostea adanca… de parinte,
Traita doar, in cea mai indrazneata fantezie.

Soapte de inger erau plansul tau si ganguritul,
Iar orice zambet era rupt din Paradis,
Vedeam in ochii tai senini doar rasaritul
Si dragostea din inima-mi de tata, pe vecie ti-am promis!

Primele vorbe spuse cu atata gingasie
Le voi pastra in suflet pentru totdeauna…. "inramate"
In univers cea mai frumoasa melodie,
Cele mai scumpe pietre nestemate.

Iar mai tarziu,…cand te-am lasat de mana,
Primii pasi! Simt parca si acum ca ma sufoc.
Ai fost, ca-n cele mai frumoase povestiri… o Zana
Ce topaiai ca fetele incepatoare prinse-n joc.

Clepsidra anilor se scurge prea usor,
Penita scrie, mult prea iute, pe a timpului tablita
Ii multumesc Lui Dumnezeu ca te-a trimis la mine-n zbor,
Un inger in viata mea, pe veci a mea fetita!

Ai fost si esti o binecuvantare pentru noi,
Cu mama ta-mpreuna, te iubim, mai mult ca viata
Si de-am putea am da iar timpul inapoi,
Sa fie inca-o dat' aceeasi zi de toamna, sfarsit de-Octombie, dimineata!

Ciobanul

Din varfuri de munte coboara la pas cu izvorul,
Ciobanul cu suba pe umeri, cantandu-si la fluier si visul si dorul,
In clinchete de clopot mioarele-l urmeaza printre vai spre sat,
O liniste deplina se-asterne peste muntele de-acum uitat.

Trei caini uriasi, cu parul ca blana de oi,
Zburda ici colo parca mai repezi, mai vioi
Au fost tot timpul, de straja, credinciosi la datorie,
Si isi urmeaza acum stapanul bucurosi inspre campie.

Atatea doine necantate au ramas,
Si cate piscuri carpatine inca plang in zare,
Atatea povestiri inca nespuse-n noapte la taifas,
Si cate "of"-uri inca ard nestinse pe a timpului altare.

Ciobanul are-n ochii lui lumini si straluciri de stele,
Si-n pletele-i putin carunte, flori de colt si albastrele,
Zambeste doar la gandul revederii cu ai lui iubiti,
Iar pasii lui domoli, agale, dintr-odata-s iuti… grabiti.

Atatea luni prin frig si ploi, fara cei dragi, la stana
Oare ce face, cum se simte, mama mea batrana?
Copiii-au mai crescut si cred ca-s fericiti si bine,
Ah, draga mea nevasta cat de dor mi-a fost de tine!

O imbratisare calda si-un sarut duios,
E-atat de bine acasa… si totul e asa frumos!
Prin frunzele de foc, fluiera vantul… o cantare,
Intregul sat, e azi din nou in Sarbatoare!

Clopote voioase bat a "Inviere"!

Toata lumea-ntunecata, trista plange in tacere
Caci Lumina Lumii zace-nchisa in mormant
Se stinge speranta si moare-orice vrere,

E plin de durere intregul Pamant!

Ofilite, florile-n gradina,...mor
Nu se mai aude cant de pasarele
Inima imi plange si lacrimile dor
Iar vise naruite, se ratacesc prin stele.
....

In miez de noapte, clopote voioase... bat a "Inviere"
Si sufletu-mi tresalta de bucurie sfanta,
Lumina straluceste mai plina de Putere
Gradina e-nflorita si pasarile iarasi canta!

Din nou e Primavara, se naste-o Noua Viata
Azi pentru omenire destinu-a fost schimbat
Si in ecou rasuna iar dis-de-dimineata,
Hristos a Inviat! Hristos a Inviat!

Coboara Harul inca o data-n Anul Nou

Azi, iar o frunza s-a desprins
din Copacul vesniciei,
Pe-al Timpului covor intins,
danseaza clipele vremelniciei.

Azi, se prelinge un nou strop,
din Oceanu-albastru infinit,
O picatura langa picatura, un... potop,
apoi un abur, cu pamantul contopit.

Din astrele nenumarate, azi o stea
s-a stins. Jertfindu-se ea straluceste.
In zbor cu miile de fulgi de nea,
tacuta, fericita, se topeste.

Coboara Harul inca o data-n Anul Nou,
sa ia in brate-ntreaga omenire,
Si Se repeta iar, duios, intr-un ecou
Eu tot la fel si astazi sunt aici; Lumina si Iubire!

Colindam, colindam iarna

Sculati-va frati surori, in seara de Craciun
Sculati-va la cantari, in seara de Craciun
Toti cu ingerii in cor, in seara de Craciun
Sa cantam si noi cu dor, in seara de Craciun.

Colindam, colindam iarna pe la usi pe la feresti
Colindam, colindam iarna……cu colindele ceresti.

Pruncul Sfant se naste azi, in seara de Craciun
Si lumini lucesc in brazi, in seara de Craciun
Colindam, colindam iarna pe la usi pe la feresti
Colindam, colindam iarna……cu colinde crestinesti.

Sa se-nchine vin pastori, in seara de Craciun
Azi… si noi colindatori, in seara de Craciun
Colindam, colindam iarna pe la usi pe la feresti
Colindam,colindam iarna……cu colinde romanesti.

Colindam, colindam iarna pe la usi pe la feresti
Colindam, colindam iarna……cu colindele ceresti.

Cei trei magi, misteriosi, in seara de Craciun
Au dus daruri Lui Hristos, in seara de Craciun
Insa Darul pretios, in seara de Craciun
Este chiar Isus Hristos, in seara de Craciun

Colindam, colindam iarna,pe la usi pe la feresti
Colindam, colindam iarna……cu colinde romanesti.

Contraste

Atatea vise spulberate,
Atatea "rosturi" fara rost,
Atatea lucruri adunate,
Atatea jertfe fara cost.

Atata dragoste pierduta,
Atatea lacrimi nevarsate,
Atata pace neavuta,
Atatea cantece… uitate.

Atata bine nefacut,
Atatea vorbe nerostite,
Atat de mult necunoscut,
Atatea vieti sunt irosite!

…………………………..

Atatea vise implinite,
Atata soare si culori,
Atatea lucruri daruite,
Atatea perle si comori.

Atata dragoste varsata,
Atatea lacrimi "alinate",
Atata pace revarsata,
Atatea cantece… cantate.

Atata bine ce-i facut,
Atatea vorbe minunate,
Cand Adevaru-l cunoscut,
Atatea vieti sunt transformate!

Copilaria

Copilaria… un vis frumos ce nicicand nu dispare,
O lume de minuni, adesea retraita-n amintiri,
Un timp fara "ganduri", doar zambete, frumusete si culoare,
Cu toti ne regasim in ea, eroii celei mai frumoase povestiri.

Copilaria… rasete si jocuri, cea mai minunata primavara,
Cel mai curat izvor al sufletelor noastre,
Un stop in trenul vietii, o halta, unde pentru-o clipa toti coboara,
Un magic univers, impodobit cu stele aurii si flori albastre.

Copilaria… o raza de soare in noroiul de pe drum,
O lacrima inabusita-n hohote de ras,

Un vant ce-adie si imprastie-n jur miros de tei... parfum
Copilaria... un ropot de ploaie, in oglinda... un suras.

Copilarie

Imi amintesc copilaria mea,
Cum ne jucam, copiii-n cartier,
Pe fete bucuria, stralucea
Si doar in noapte joaca se oprea,
Tarziu, cand stele luminau albastrul cer.
Eram lipsiti de telefoane
Deci nu stiam de text, de "like... facebook,
Puneam in tenisi cuie, sa avem crampoane
Visam la Duckadam, Dudu Georgescu, la... stadioane
Si spectatori aveam... porumb, un dud si-un nuc!

N-aveam nici internet, nici celular
Dar totdeauna cand unul din noi striga
Il auzeam din coltul strazii, foarte clar
Fara conectie, "wi-fi", fara "signal bar"
Si cat de simplu ne-ntalneam asa!
Televizor aveam... dar ce folos
N-aveam curent, nici... ce vedea
Noi ne jucam in strada "lapte gros"
Si cat radeam, cand, toti eram pe jos,
Putinul ce-l aveam, ne multumea!

Ne faceam temele, la lumanare
Si baie uneori, cu apa... "ca de pita"
Dar toata vara ne jucam in soare
Inot, ne intreceam la "scaldatoare"
Eram copii voiosi, cu viata fericita!
Iarna ne incalzeam cu lemne si carbuni sau... rumegus,
Si uneori in casa... "dardaiam"
Dar noi, mai mult eram la derdelus
De dimineata, toata ziua, dusi
Acasa, doar spre seara "rupti de foame" apaream.

Mancam, paine prajita cu unsoare
Si inghetati, ne incalzeam pe rand la foc
Noi ne rugam, chiar inainte de culcare,
Apoi mai fedonam cate-o cantare,

Intram in pat si adormeam, pe loc.
Acum… sunt alte vremi, si poate alta bucurie,
Copiii nostri au… povestea lor,
Si pentru ei o vreme o sa vie,
Cand vor privi spre-a lor Copilarie,
Cu nostalgie, dragoste si dor.

Cotrobaind prin amintiri

Cotrobaind prin… amintiri,
Am dat de pozele cu tine tata,
Ce bucurie avut-ai in priviri,
Cand iti tineai in brate fericit a ta nepoata.

Si cat de mandru stiu c-ai fost,
Cand pe-al tau umar mana-mi odihneam,
Iar eu cum m-am simtit in siguranta… la-adapost,
Ca-i ultima-ntalnire insa nu stiam.

In dimineti devreme-n zori de zi,
Sau seara uneori, dupa amurg,
Te vad cum pe poteca dinspre gara iarasi vii,
Dar… ma trezesc, si lacrimi calde pe obraz imi curg.

Simt si-azi in zambetul tau cald… iubire,
Cum ma privesti din slavile de dincolo de nor,
Stiu, in curand vom fi-mpreuna-n nemurire,
Cu pozele in mana plang incet… cuprins de dor.

Cuprins de dor

Daca torta cu speranta
Incet in noapte ti se stinge,
Toarna-n ea ulei… Credinta
Si-n Lumina vei invinge.

Daca simti ca se-ofileste,
Floarea sufletului tau,
Apa Vietii o va creste,
Caci te scalzi in Harul Sau.

Cand sunt "spini" ce te ranesc,
Si ti-e mult mai grea cararea
Tu raspunde "Te iubesc!"
Si ofera-n dar… Iertarea.

Daca lacrimi de durere,
Uda al tau obraz mereu
Te imbraca cu Putere,
Ti le sterge Dumnezeu.

Daca esti cuprins de dor
Si tresari la orice glas,
Daca canti "As vrea sa zbor!"
Doar putin a mai ramas!

Cuprins de doruri

Spre un Taram de ghiocei si flori de primavara,
In anul ce-am intrat pasesc voios, increzator
Urc treapta dupa treapta pe a vietii scara,
Iar uneori cuprins de doruri… zbor.

Spre piscuri de belsug si binecuvantari,
In anul ce-am intrat plin de speranta ma avant,
Si bucuros alerg pe-a muntilor carari,

Iar uneori cuprins de doruri... cant.

Spre tot ce inaintea mea, prin Har, ai pus,
In anul ce-am intrat cu multumire ma indrept,
Si fericit cu gandul la-ntalnirea cu Isus,
Privesc spre Cer, cuprins de doruri si... astept.

Curand

Sa-nveti s-astepti cand ti-este greu,
Sa-ti fie reazam neclintit, fagaduinta,
Curand, pe cer va straluci un curcubeu,
Curand, te va purta spre vesnicii, credinta.

Sa-nveti s-astepti in pace izbavirea,
Ea va veni la timpul potrivit,
Nimic nu poate sa-ti umbreasca fericirea,
Cand stii ca tu esti Fiu de Dumnezeu, iubit.

Sa-nveti s-astepti cu bucurie nemurirea,
Umbland in fiecare zi prin Har,
Curand, te va lua de mana, chiar Iubirea,
Si vei pasi victorios pe Poarta de Clestar!

Curcubeul

Un curcubeu e-o promisiune,
Ca dupa nor vine iar soare
E felul Lui duios de-a spune,
Ca ne iubeste-n continuare.

Un curcubeu e-un legamant,
Ce-i izvorat chiar din Iubire
Ca in curand un nou pamant
Va fi al nost' spre stapanire.

Un curcubeu e…. Dragostea-n culori,
Fereastra spre un "maine" pregatit
Un curcubeu imi da fiori,
Un curcubeu ma face fericit!
Daca am fi iarasi copii

De-am fi macar o clipa, iarasi, toti copii,
Zburand la brat cu fluturii spre soare,
Sa ne unim in cant si tril cu ciocarlii,
Si sa zburdam cu mieii prin campii,
Sau cu albinele, sa topaim din floare-n floare.

De-am fi macar o clipa, iarasi, toti copii,
De-am fi macar o clipa, iarasi… norocosi,
Si sa visam cu ingeri albi pe la ferestre-n zori de zi,
Cu Mos Craciun si tolba lui cu jucarii,
Cu Zane-bune, Zmei si Feti-frumosi!

De-am fi macar o clipa, iarasi, toti copii,
Zambind cu bucurie, fara nici un gand,
De am putea si-atunci cand plangem, straluci
De am putea ierta usor, si sincer iarasi a iubi,
Ar fi atata frumusete pe pamant!

Darul meu

Ai aparut in viata mea ca dar ceresc…
nemeritat, esti scumpa mea comoara,
Din prima clipa te-am iubit si te iubesc,
Iar viata langa tine mi-e… mult mai usoara.

Sunt cel mai fericit de cand te stiu,
Si cerul parca mi-e mai plin de stele,
Esti muza mea in tot ce fac si scriu,
Esti un fior placut in toate gandurile mele.

Ai izvorat izvoare-n sufletu-mi uscat
Si inima mi-ai cucerit-o cu-o privire,
Caci ochii tai pe veci m-au fermecat
Si-am fost robit pe loc de-a ta iubire.

Cu zambetul tau unic imi dai noi puteri,
Si zi de zi, de mana, o luam de la'nceput,
Tu plina de iubire imi alini orice dureri,
Cu-o mangaiere, o vorba buna si-un sarut.

Nu am cuvinte, nu stiu cum sa-ti multumesc,
Tu esti comoara mea pretioasa, al meu dar,
Asculta-mi soapta sufletului; Te iubesc!
La fel, mai mult, azi, maine... iar si iar.

De ai in pieptul tau Iubirea

De ai in pieptul tau Iubirea,
Prin lumea asta esti un simplu calator,
Te-astepta-n vesnicie fericirea,
Si-ai devenit nemuritor.

De ai in inima Credinta,
Cand incercari lovesc sa te doboare,
Iti impletesti din suferinta,
Cununa... floare langa floare.

De ai in ochii tai Lumina,
In noptile tarzii, intunecate,
A tale lacrimi pe carare s-or schimba,
Din stropi de roua-n nestemate.

De porti in suflet dorul dupa Cer,
Si straluceste bucuria pe-a ta fata,
Ai inteles c-aici e totul efemer,
Dar in curand te-asteapta-o Noua Viata!

De o sa pleci prima

De o sa pleci la ceruri prima
Si de pe drum eu singur voi ramane,
Imi voi impodobi de amintiri gradina,
A clipelor frumoase petrecute langa tine.

Voi astepta un ghiocel in primavara
Si liliacul iarasi sa-nfloreasca,
Voi mirosi parfum de trandafiri in vara,
Si te-oi visa in fiecare noapte la fereastra.

Cand toamna pe alee va veni,
Cand frunzele-aurite vor cadea,
Plimbandu-ma prin ploaie voi zari
In fiecare strop… zambind… doar fata ta.

De o sa pleci la ceruri prima
Tot ce-ai atins, va deveni pe veci… un "lucru sfant"
Iti voi simti prin paru-mi ravasit iar mana
Si-al tau suras imi va improspata speranta pe pamant.

De o sa pleci la ceruri prima
Iar eu o sa raman inca aici, sa scriu in "carte"
Tu-mi vei fi muza iar iubirea ta e tema,
Dragostea nicicand nu ne desparte!

Noi, am avut atata bucurie,
Paharul ne-a fost plin de fericire
Si amintiri ce n-au fost puse pe hartie,
Le vom purta cu noi pe veci in nemurire.

De o sa pleci la ceruri prima

Si-auzi chemarea blanda a Lui Dumnezeu,
Nu ti se va sterge inca bine urma
Si pe cararea catre Vesnicii voi fi si eu.

Curand m-oi inalta si eu din vale,
Iti voi urma indeaproape pasul,
Voi mai avea putin de dus singur pe cale,
Ti-oi auzii cu duiosie-n fiecare seara, cum ma cheama, glasul...

("Dincol' de zare, ce intalnire
Cu preaiubitii plecati in cer
Şi-ntr-o unire, făr' despărţire
Vom fi cu Tatăl acasă-n cer")

inspirat de poemul "Should you go first" by Albert Rowswell

De sub campuri inghetate

De sub campuri inghetate,
Se ridica-un firicel,
Din zapada capu-si scoate,
Un alb, firav, ghiocel.

Cu pafumu-i ma-nconjoara,
Clinchete de clopotel,
Primul glas de primavara,
Un alb, firav, ghiocel.

Bucuria ma inunda,
Cat as vrea sa fiu la fel
Lumina sa ma patrunda,
Un alb, firav, ghiocel.

De Tine inima mi-e plina

De Tine inima mi-e plina,
Te simt in vantul ce adie pe alei,
In trandafirii rosii din gradina,
Si in parfumul florilor de tei.

Tu esti in visu-mi… neincetat,
Cu Tine-adorm si tot cu Tine ma trezesc,
Iubirea Ta m-a coplesit, m-a fermecat,
Prin Tine eu respir, prin Tine eu traiesc.

Tu esti in cantul meu, in vers,
In zambete si-n lacrimi ce-s varsate,
Tu-mi esti intregul univers,
Tu esti prezent mereu in toate.

Tu esti in gandul meu si-n… doruri,
In amintiri si in sperante vesnic vii,
Tu esti in aripi albe si in zboruri
In slavi neintelese si in melodii.

De Tine inima mi-e plina,
Te simt in mangaierea razelor de soare,
In trandafirii rosii din gradina,
Si in parfumul de cires in floare.

La multi ani Ana!

De-as fi compozitor, intr-un buchet ti-as pune note muzicale,
Ti l-as asterne la picioare intr-un cant frumos,
Iar de-as picta, pe panza dragoste-i ce-ti port, agale

culorile iubirii le-as asterne… migalos.

Sa zbor dac-as putea, ti-as aduna un brat de stele lucitoare,
Iar rasaritul ti l-as face-n dimineti cadou,
Covor… ti-as pune, curcubeul la picioare,
Si ti-as striga iubirea-mi de pe piscuri in ecou.

Dar… imi inmoi penita in iubire si prin vers ma iscalesc,
Te strang de mana inca-o data plin de fericire,
"La multi ani Ana!" si un trandafir iti daruiesc,
Alaturi de intreaga mea, pe veci… iubire.

Destine

De sub pleoapa sufletului necajit,
O lacrima se strecura cu greutate,
Si in cadere lina s-a unit,
Cu stropi de ploaie-n zbor spre libertate.

De sub pleoapa sufletului bucuros,
O alta a tasnit plina de viata,
Si iute s-a unit aventuros,
Cu stropi de roua-n zori de dimineata.

De sub pleoapa sufletului fericit,
O lacrima se indrepta spre mare,
Dar plina de iubire s-a topit,
La pieptul unei raze coborand din soare.

Dimineata de Craciun

Vitralii inghetate lucesc misterios, feeric,
Si astrele colinda unite-n cor angelic,
O stea s-a rupt din ceruri si la fereastra-mi canta,
Duios despre Iubire si despre Noaptea Sfanta.

Imi canta de Mesia si despre Vestea Buna,
Straluce mai puternic si vocea-i clar rasuna,
Cad fulgi de nea alene, bat clopoti de clestar,
Steluta-mi povesteste despre Copil si iesle de Dragoste si Har.

Rasuna peste veacuri Aleluia! Leru-i Ler!
Troiene de iubire se scutura din cer,
Astazi s-a nascut Mesia, Copilul-Salvator!
Si ochii mei sub gene se odihnesc usor.

Adorm...in patul moale, sub leganari de nea,
Cu gandul la colinde si la...steluta mea,
Apoi, spre dimineata, devreme ma trezesc,
O raza-mi bate-n geam, soptindu-mi; te iubesc!

Dimineata de Inviere

Vitralii colorate lucesc misterios, feeric,
Si astrele rasuna, unite-n cor angelic,
O raza de lumina, ma mangaie pe fata,
Si-mi canta de Iubire si-o Noua Dimineata.

Imi canta, de Mesia si despre Inviere,
Straluce si mai tare si-i plina de putere,
Inmuguresc caisii si clopotele bat,
Si raza-mi povesteste despre Isus si cruce, de Har si de-Imparat.

Rasuna peste veacuri, Aleluia! Hristos a Inviat!
Pe veci din lantul mortii am fost eliberat!
Si rauri de iubire se curg spre noi, din cer,
Cum as putea vreodata, pricepe-acest mister?

Ne'ntelegand Iubirea dar... scufundat in Har,
Ii simt fiorul dulce si-mbratisarea... iar

La fel, ca-ntaia oara cand mi-a soptit; "Esti Fiu"
Il vad printre vitralii pe Christ Cel Vesnic Viu!

Dor de cer albastru

Copacii plictisiti de galben,
In fiecare seara isi leapada frunzele gandind la primavara.
Izvoarele viseaza la verdeata si la flori,
Iar soarele plange bolnav sub patura de nori.

Pe potecile ruginii, lumina s-a ofilit si lacrimeaza,
Un fluture s-a dezbracat de umbra si tacut danseaza.
Tristeti de plumb, melancolii-nvechite, ni se-astern pe fete
Si ni se face iarasi dor de tinerete.

Pe-un colt de cer o stea se odihneste,
Facandu-si cuib in varful brazilor semeti,
Pe muntii-albiti de timp, pe inaltimi, pe creste,
O capra neagra se afunda in nameti.

Iar un gutui care imbata cu miros pamantul,
Imprastie un aer nou de multumire,
Si-n inimile reci se naste inca o data cantul,
Si-un dor de cer albastru si de nemurire.

Dor de colindat

Pe plaiurile Betleemului, in noapte,
fluiere doinesc,
Iar stelele, cuprinse de mirare-n soapte,
in taina povestesc.

Ingeri... invesmantati in haine de lumina
canta-n cor.
La margine de sat, in ieslea cea umila
se naste-Un Salvator.

In inimi de pastori inspaimantati,
speranta-nvie.
Trei magi, zaresc pe bolta cerului, mirati,
o stea speciala... marturie.

Ninge-ncet cu fulgi de binecuvantare,
pe pamant.
"Slava lui Dumnezeu in inaltimi" si... Osanale
Regelui cel Sfant!

Azi Infinitul s-a dezvelit de slava,
si-n tina neagra s-a-mbracat,
Desavarsirea a coborat in grajdul cu otava
pentru al meu pacat.

Din bratele Mariei cu dragoste-mi zambeste
iar Pruncul Isus,
O Pace fara seaman pe loc ma copleseste,
si-o Bucurie de nespus.

Pasesc incet spre... vesnic noua Sarbatoare,
cu dor de colindat,
Ma-nchin cu viata mea intreaga-n adorare,
Copilului, Eternul Imparat!

Dor

Mi-atat de dor de bolta cea senina,
De stelele sperantei stralucind,
De lacrimile curse in gradina,
De soapta Ta duioasa ce alina,
De pasii Tai la usa 'ncet venind!

Mi-atat de dor de rasarit de soare,
De raze calde de lumina pline,
De dulcele, suav, parfum de floare,

De focul Dragostei din prima mea cantare,
De Mirele meu scump si drag…. ce vine!

Mi-e dor de vechiul, sfant altar
De Jerfa care aduce atata bucurie,
De tot ce fara merit am primit in dar,
De mangaieri si de Maretul Har,
Mi-e dor de Cer mi-e dor de Vesnicie!

Mi-e dor de lumea de-altadata, buna
De toti iubitii nostri ce s-au dus,
Mi-e dor de ultima trompeta care suna,
Mi-e dor de haine albe, de cununa,
Mi-e dor, mi-atat de dor de-al meu Isus!

Dorinte

As vrea sa plang cu cei ce plang,
Iubind s-alin orice durere,
Pentru sarmani, in taina sa ma frang,
Cu drag la pieptul meu sa-i strang,
Sa pot sa fiu o mangaiere.

As vrea sa rad cu cei cuprinsi de fericire,
Si zambete sa pot sa dau in dar,
Frumusete sa arat si… stralucire,
Sa raspandesc in jur iubire,
din Iubirea ce-am primit prin Har!

As vrea sa tac cu cei ce tac,
S-aud oftatul ce se pierde in apus,
In dragoste pe gol sa-mbrac,
Comori sa daruiesc celui sarac,
Sa vada-n mine, chiar si orbul, pe Isus.

As vrea sa cant cu cei ce-Ti canta Tie,
Un "Aleluia!" sa imi fie viata, zi de zi,
Sa pun Iubirea Ta in vers de poezie,
In dimineti, cand lacrimez cu dor, si-s plin de bucurie,
Privind spre cer, sa strig… Te-astept sa vii!

Dorul dupa Tine

Privesc in noapte cerul plin de stele,
Si ma cuprinde dorul dupa Tine
As vrea sa zbor dar aripile-s grele,
Sperante moarte zac in lacrimile mele
Si se ucid incet, pe rand, destine.

Coboara gandul straniu prin genunii
Si umbre negre ma-mpresoara,
Atinge-mi Doamne buzele iar cu carbunii,
Fa-ma sa simt din nou, Harul Minunii
Si nu lasa credinta mea sa moara!

Privesc in noapte cerul plin de stele,
Si ma cuprinde dorul dupa Tine
Soapta Iubirii…. rupe vechile zabrele,
Si ma trezesc in stol de pasarele,
Zburand, cantand spre slavile Divine!

Dragoste fara sfarsit

Mi-amintesc… cu ani in urma,
De pe cruce mi-a zambit,
Inca si-astazi ma transforma,
Zi de zi eu sunt iubit.

Cine poate-a intelege
Dragostea-I fara sfarsit?
Cum un pacatos alege?
Harul Sau nemarginit?

Mai tarziu pe-a mea carare,

Fata-n fata L-am vazut,
Am raspuns L-a Sa chemare,
In genunchi eu am cazut.

Cine poate-a intelege
Dragostea-I fara sfarsit?
Cum pe mine ma alege?
Harul Sau nemarginit?

Merg cu El de-atunci de mana,
Orice-ar fi pan' la sfarsit,
In curand in cer la cina,
Voi fi vesnic fericit.

E greu

E greu sa taci cand toti vorbesc,
Si totusi soapta-ti muta,
Poate sa spuna, te iubesc,
Celui ce te-asculta.

E greu sa ierti cand toti condamna,
Si totusi nu e greu,
Caci Dragostea asta inseamna,
Sa ierti, sa ierti mereu.

Cand esti urat cum sa iubesti?
Dar totusi, stiu, se poate,
Iubind, tu nicicand nu gresesti,
Iubirea iarta toate.

E greu sa plangi. Cum sa zambesti
cuprins de grea durere?
Zdrobit, prin lacrimi insa cresti,
Ce sfanta mangaiere!

E greu sa canti cand lumea plange,
Si totusi nu e greu,
Tu ai Credinta ce invinge,
Esti Fiu de Dumnezeu!

E ingropat trecutul meu

E ingropat trecutul meu,
In rana palmii Tale,
Si vina mea, pacatul greu,
Le-a sters pe veci chiar Dumnezeu,
Cu lacrimile Sale.

Am pironit si eu, hain
Iubirea... la Calvar,
Ti-am dat si eu sa bei pelin,
Dar Tu-ai raspuns din cruntul chin,
Cu Dragoste si Har.

Cuprins pe veci in Harul Tau,
Iti daruiesc azi viata,
Ma pune Doamne pe ilau,
Sa scoti din mine tot ce-i rau,
Sa-mi straluceasca fata.

Sa fiu un vas in casa Ta,
De cinste, pentru Tine,
Iar cei din jur prin viata mea,
Sa vada zilnic, Dragostea,
Sa vada ceru-n mine.

E toamna

Azi vantul doineste usor in surdina,
Si ploua cu frunze tacute, ce plang,
O raza pierduta viseaza lumina,
Iar ramuri ostenite, incet, incet se frang.

E toamna, se risipesc sperante-n ceata,
Culorile se sterg si florile pe rand se sting,
Dispare parca-n juru-mi si dragostea de viata,
Zilele-s tot mai scurte iar noptile mai lungi, inving.

M-am hotarat sa cant cu vantul impreuna,
Sa plang cu frunzele si eu, prin ploi,
Sa strang in brate-o raza de lumina, in furtuna,
Chiar ostenit, sa nu ma frang, sa nu dau inapoi.

E toamna, din bogatia ei sperante noi culeg,
Belsug de binecuvatare, Har... si drag de viata,
In suflet, zile pline de lumina si bucurii aleg,
Si-astept cu nerabdare, Eterna Dimineata!

Eclipsa totala

Acoperit de umbra trista a lunii,
Pentru o clipa, "Soarele" iar.... plange...
Si coborat in sumbrele genunii,
Din Dragoste, azi, iarasi pentru noi se frange.

"Eclipsa totala" e-o Jertfa sublima,
Umbrit de-ale noastre pacate,
Supus, bea din cupa amara ce-i plina
Cu faptele noastre murdare, stricate.

De bunavoie si Stapan pe Sine,
S-a lasat cuprins de intuneric,
Stiind ca victorios in Ziua Noua care vine,
Va straluci mai luminos si mai feeric.

Iar noi acum vedem ca prin oglinda (Cu ochelari speciali si fumurii)
Caci nu putem privi la stralucirea Lui mareata
Dar in curand cand iar la noi Isuse o sa vii,
Te vom vedea asa cum Esti chiar fata-n fata!

Da, "Soarele Dreptatii"-a rasarit!
Si vindecare am gasit sub "Aripile-I Sfinte"
"Lumina lumii"- din vesnicie-n vesnicie ne-a iubit,
Deci bucurosi, prin Har, plini de credinta, mergem Inainte!

El, Creatorul, te iubeste!

Tamplarul cu rindeaua mare,
Ciopleste trunchiul vechi si noduros
Cu dalta taie, adaugand valoare
Tu plangi si nu-ntelegi si... doare
Dar slefuit devii tot mai frumos.

Olarul are lutu-n roata
Atingerea-I transforma ceas de ceas si zi de zi

-Lucrarea inca nu e terminata-
Tu crezi ca esti in foc… la judecata
Dar in curand, un vas de cinste tu vei fi.

Doctor, adesea-n carne vie
Taie sa scoata tot ce-i canceros,
Te curata cu drag si bucurie,
Tu simti cutitul ca o grozavie
Dar El te vrea, curat si sanatos.

El, Creatorul, te iubeste!
Caci nimenea mai scump ca tine nu-i,
Si-n dragostea-I perfecta El doreste
Clipa de clipa a te creste,
Sa fii mereu, mai mult asemeni Lui.

Eu am Harul

Un avar, odata,
Vine si-mi arata,
Cuprins de mandrie,
A lui bogatie.
Diamante, aur,
E a lui tezaur,
Conturi in valuta,
O avere multa.
Vile si masini,
Livezi si gradini,
Vite in cirezi,
Nu-ti vine sa crezi!
Ma priveste-n fata,
Si imi da povata;
Daca strangi ca mine,
O sa-ti fie bine,
Si la-l tau sfarsit,
Vei fi fericit.
Daca-ai adunat,
O sa mori bogat.
Eu, stau si gandesc,
Nu ma dumiresc,
Ce sa fac cu toate,
Cand voi fi pe moarte?
Mai bine acuma,
Ma bucur intr-una,
Caci prin Dumnezeu,
Totul e al meu.

Eu am sanatate,
Destule bucate,
Paine am pe masa,
Familie frumoasa.
Am caldura-n casa,
Sotie aleasa,
Ce nu stie-avarul,
E ca eu am Harul.
....
Nu citi gresit,
Nu sunt ipocrit,
Bani si eu doresc,
Si din greu trudesc,
Asa-i pe pamant,
Scrie in Cuvant,
Insa din avant,
Mai m-opresc si cant.

Mai iau o hartie,
Scriu o poezie,
Banul nu-l iubesc,
Incerc sa traiesc,
Cu Cerul in piept,
Multumind astept,
Slava cea de sus,
Lang-al meu Isus,
Unde-n bogatie,
Voi fi pe Vecie!

Eu n-am murit, ci-am inviat!

De ce sa plangi l-al meu mormant,
cand eu ma-nalt spre cer in cant?
Nu sunt aici, nu m-a prins "somnul",
Pe strazi de aur eu ma plimb cu Domnul.
De ce sa-ti fie inima 'ntristata,
cand fericit sunt cu-al meu Tata?
Nu lacrima la capul meu,
Eu sunt in cer cu Dumnezeu.
Azi printre stele-n stralucire,
Ma poarta-n brate al meu Mire,
Deci nu ma plangeti c-am plecat,
Eu n-am murit, ci-am inviat!
De ce sa plangi l-al meu mormant?
Nu m-a 'nghitit negrul pamant,

Eu sunt un Fiu de Imparat,
In haina alba imbracat!
Va fie intristarea deci mult mai usoara,
Caci cel nascut din nou nicicand nu o sa moara,
Chiar daca lumea asta el o paraseste,
In stralucire, cu Isus de mana, vesnic el traieste!

Eu Sunt

Eu sunt un strop de roua,
Binecuvantare pentru tine, dimineata,
O raza de iubire, intotdeauna noua,
Ce-ti mangaie cu duiosie fata.

Eu sunt un susur de izvor,
Ce-nvioreaza sufletul mahnit,
Sunt frunza toamnei, asternut-covor,
Sunt urma Pasului ce inaite-ti a pasit.

Sunt soapta vantului ce-adie,
Culorile, parfumul minunat din flori,
Sunt cantec, tril de ciocarlie,
Eu sunt Lumina, sunt Luceafarul din zori.

Sunt stelele pe bolta cea senina,
Stalpul de foc, calatorind cu tine pe carare,
Sunt Stanca, care vrea si poate sa sustina,
Sunt Glasul ce alina orice Mare.

Eu sunt un fulg de nea in zbor,
Un ghiocel care timid rasare,
Sunt "golul" tau din suflet, ne'ntelesul dor,
Misterioasa vesniciilor Chemare.

"Eu Sunt" si-n toate poti sa Ma-ntalnesti
Oh! Cat as vrea sa Ma primesti in dar,
Deschide-ti ochii inimii ca sa privesti,
"Eu Sunt"! Sunt Dragoste si Har!

Eu Te Iubesc!

Cand vine-un timp de suferinta,
Cand valuri negre si turbate ma lovesc,
Privesc spre Farul luminos, plin de credinta
Si Iti soptesc ca Te iubesc!

Cand ochii mei de lacrimi s-or usca,
Si incercarile, prea multe, ma zdrobesc
De Voia Ta mereu voi asculta,
Caci doar pe Tine Te iubesc!

De glasul meu n-o mai putea sa cante,
De n-o sa pot cu versul sa Iti mai slujesc,
Cand aripile tineretii vor fi frante,
Nicicand n-oi inceta sa Te iubesc!

Iar de ma porti pe varf de munte,
Pe culmile succesului de pasesc,
Voi merge tot cu Tine inainte,
Caci Tu esti Cel pe care il iubesc!

De-o sa ma urci pe inaltimi de nedescris,
Sau de o fi ca-n vai adanci sa ma sfarsesc,
Parinte, orice pentru mine Tu ai scris,
Eu Te iubesc! Eu Te iubesc!

Fa-mi sufletul sa salte

De mi se pierde pasul, uneori pe cale,
Si ratacit m-afund adanc in tina,
Ridica-ma cu Dragoste din vale,
Presara peste mine picuri de Lumina!

De mi se sterg, pe rand, sperantele in zare,

Si parca totu-i gol si in zadar,
Imbraca-ma din nou in Indurare,
Mai toarna peste mine iarasi Har!

De-s trist si sigur, lacrimile-s multe,
Uitat si parasit de fericire,
De nu e nimeni sa-nteleaga si s-asculte,
Ma copleseste iarasi, Tata, cu Iubire!

Cand simt ca rautatea ma-mpresoara,
Si n-am pe nimenea aproape-n viata mea,
Vorbeste-mi Doamne inca o dat'... ca prima oara,
Inunda-ma cu Bunatatea Ta!

Cand inima-i uscata si pustie,
Si aripile-s slabe... aproape frante,
Fa-mi iarai sufletul sa salte si sa scrie,
Sa zboare liber si... sa cante!

Farmecele iubirii

"De-or trece anii cum trecura",
Tot chipul tau il voi vedea pe drum,
Caci in suava, gingasa-ti faptura
E-un "nu stiu ce" si-un "nu stiu cum".

Cu un suras m-ai fermecat,
M-ai imbatat cu minunatul tau parfum
Si pe vecie m-ai legat,
C-un "nu stiu ce" si-un "nu stiu cum".

Pe-al dragostei etern si sfant altar,
Plin de iubire ard si ma consum,

Privirea ta m-a pus pe jar,
C-un "nu stiu ce" si-un "nu stiu cum".

Iar mai tarziu, cand pe a vietii cale,
S-or trece ultimele file din album,
Raman vrajit de farmecele tale,
C-un "nu stiu ce" si-un "nu stiu cum".

Fericit

Azi se semneaza pasari pe seninul cer,
Cu note muzicale de iubire,
Iar eu indragostit intr-un ungher,
Sunt fastacit, ca prima data, de a ta privire!

Azi florile danseaza-n stropi de soare,
Iar vantul, s-a'mbatat de bucurie,
Rasuna murmur tainic in sopot de izvoare,
In jurul tau e azi, doar cant si poezie!

Sub felinar de luna, seara... cerne stele
Continua sarbatoarea tarziu in miez de noapte,
Iar tu prezenta pururi in visurile mele,
Ma-ngropi in fericire, cu ale tale soapte.

O raza-ti scalda ochii in vesnica lumina,
Cand zorii se revarsa timizi si diafani,
Iar eu, cel mai ferice, te iau duios de mana,
Pasim prin frunze-n aur spre cei mai frumosi ani.

Fii mai fericit!

Omule, din goana vietii,
Te opreste pe carare,
Te inchina frumusetii,
Mai priveste cate-o floare.

Unde-alergi asa zorit?
"Maine" nu fuge de tine,
Fa-ti azi timp pentru iubit,
Te opreste! Fa un bine!

Admira-un apus de soare,
Iesi din forme si zabrele,
Bate-n palme la cantare,
Si zambeste catre stele.

Mai umbla descult prin ploaie,
Fluiera… cu pasarele,
(Nu privi doar la gunoaie)
Te inalta-n zbor cu ele.

Atinge cerul albastru,
Si invata sa visezi,
Fa o halta, nu-i dezastru
In parc pe-o banca sa te-asezi.

Omule-n al tau umblet,
Nu mai fii asa grabit,
Te-ngrijeste si de suflet,
Si-o sa fii mai fericit!

Fii samaritean milos

Orisicine, daca vrea,
Poate face-n jur un bine,
Dand setosului sa bea,
Ajutand pe slab sa stea,
Rani si lacrimi sa aline.

Orisicand poti sa gasesti,
Un flamand pe strazi straine,
Daca vrei poti sa-l hranesti
Aratandu-i ca-l iubesti
Chiar mai mult decat pe tine.

Orisiunde-n lumea noastra,

Suflete triste suspina,
Prinse-n viata lor sihastra.
Tu deschide-le-o fereastra
Spre Isus si spre Lumina!

Impreuna, cand slujesti
Cu-a Lui Dumnezeu copii,
Ce-n iubire daruiesti,
Doua paini, poate.... cinci pesti
El, sigur va inmulti.

Intotdeauna, frate drag,
Fii samaritean milos!
Uneori la tine-n prag
Plange un strain pribeag
Si strainul e.... Hristos.

Fiul nerisipitor

Pasea alene, pe poteca dinspre camp,
Spre seara, obosit, se intorcea acasa,
Plutea in aer veselie, dansuri, cant
Vitelul ingrasat, statea gatit pe masa.

Nedumerit el intreba ce se intampla;
De ce e tristul meu parinte astazi bucuros?
Cine-i acest sarbatorit pe care il contempla?
E al tau frate ce s-a 'ntors acasa sanatos!

Si tu te bucuri cu acest nenorocit?
Ti-a risipit averea... si... de el iti pasa?
Din dragoste de "lume" el te-a parasit!
Oh, da... dar astazi, fiul meu s-a 'ntors acasa!

Si lui i-ai pus inel in deget?
Si cu sandale noi l-ai incaltat?
Eu ti-am slujit ca rob fara de preget,
Ah Tata... sunt atat de suparat!

Nu inteleg, si nici nu pot sa cred,
Am vrut si eu cu prietenii sa ma distrez,
Dar nu mi-ai dat parinte, nici macar un ied,
Eu am fost bun ca sluga, rob... doar sa lucrez?

Oh, drag copil, cat poti fi de gresit,

Tot ce-i al meu este al tau pe veci,
Tu vei fi-ntotdeauna fiul meu iubit,
Si vesnicia langa mine-o sa petreci!

Vino si tu, sa ne inveselim cu toti,
Cu ingerii din ceruri intr-un glas,
Ca al tau frate azi a inviat din morti,
Copilul meu pierdut, s-a 'ntors Acas'!

Fiul Risipitor

Undeva, intr-o indepartata Imparatie,
Desprinsa parca dintr-un colt de vis,
Traia un Imparat cu glorie si maretie,
In bunastare si splendori de nedescris.

Era atata fericire-n Plaiurile Sfinte,
Argati slujeau cu bucurie zi de zi,
Iar Imparatul, cel mai bun Parinte,
Iubea cu duiosie pe-ai Sai doi copii.

Dar intr-o zi, copilul cel mezin,
Si-a cerut partea de avere,
-Tata, vreau sa plec departe, ca strain!
Si dus a fost... spre Tara de Durere.

Prin clipe de desfrau si de "placeri",
Fara succes, cautase fericirea,
Nu o gasise-n lumea larga nicaieri,
Si-si cheltuise in zadar cu prietenii averea.

Fara speranta, de toti parasit,
In zdrente si cazut din "har",
Ieri Fiu, acum... un biet nenorocit,
Slujea la altii, pentru hrana, ca porcar.

Sub cerul negru fara stele, fara soare,
Cu sufletul pustiu, de chinuri coplesit,
Curgeau pe-obrazul sau lacrimi amare,

Cand... prin mirosul greu, parca chiar vantul i-a soptit...

Tu tot visezi la roscovele de la porci!
Nu-ti amintesti de unde ai plecat?
De ce la Tatal tau nu te intorci?
De ce nu vrei sa fii pe veci iertat?

Tu esti un Fiu al Imparatului cel Mare,
El inca plange pentru tine si li pasa,
Ridica-te din tina, indrazneste si... cere-ti iertare,
Vino-ti in fire si te-ntoarce Acasa.

Strabat prin ceru-ntredeschis raze de soare,
Speranta-n pieptul lui zdrobit, invie,
Ma-ntorc la Tata, si-o sa-I cer iertare,
Si-I rog sa ma primeasca rob la 'mparatie.

Plangand, trecea prin lanuri aurite,
Unde argati lucrau voiosi de zor,
Apoi vazu turme de oi, cirezi de vite...
Gradina de maslini... un nou fior...

Mai e putin, se vede casa pe colina...
Cu coltul hainei lacrima el vrea sa-si stearga,
Si inima-i de-atatea grijuri plina...
Dar... cine catre el, cu dragoste alearga?

-Ah, Tata iarta-ma te rog, caci Ti-am gresit!
Si... l-au cuprins indata brate iubitoare,
-Copilul meu, azi sunt atat de fericit!
Ti-am daruit demult, demult, iertare.

-Ah, Tata iarta traiul meu, viata-mi nebuna...
-Aduceti-i sandale in picioare!
Aduceti iute haina cea mai buna!
S-a 'ntors Copilul Meu... e Sarbatoare!

-Ah, Tata fa-ma rob, simplu-argat...
De rugamintea mea nu e prea mare!?
-Taiati vitelul ingrasat!
S-a 'ntors Copilul Meu... e Sarbatoare!

-Dar Tata, nu mai poate fi iarasi la fel...
Nu merit sa ma mai numesc... un Fiu...
-Puneti-i in deget un inel!
Caci a fost mort si-acum pe veci e viu!
....

De esti si tu un fiu pierdut in lumea lata,
Şi-ai parasit pentru o clipa Calea Dreapta,
Vino-ti in fire si arunca haina ta patata,
Te-ntoarce Acasa unde Tata inca te asteapta!

Iar de visezi la roscovele de la porci,
De crezi ca totu-i pentru tine azi pierdut,
E timpul dragul meu, acum sa te intorci,
Te-asteapta Tata-n poarta c-un sarut!

Fotografia copilariei

Noi, in timpuri vechi si grele
Aveam numai bucurii,
Noi, visam cu capu-n stele
Eram plini de "jucarii".

Ce-i drept... nu din magazine,
(Poti sa fii un arhitect)
Din hartii, cuburi, buline
Poti să faci un joc perfect.

Dintr-o bata, un calut

Sau o sabie... din doua,
O cutie e... patut,
Pentru papusa cea noua.

Troaca veche-i saniuta
Tot mai iute an de an
Roaba devenii... caruta
Iar Ionel, cal nazdravan!

Mingea sparta-i inca buna
-Ultima-i pe "Muresel"-
Ziua mea e intr-o lună
Si primesc una la fel!?

Uneori de dimineata
Papusa, (Camelia)... plange
Iar la-un cap de fir de... ata
"Doctorul" spune c-ajunge!

(Mama lui lucra-n spital
Si-are ace si seringi
Cu asa bun "capital"
Nu e greu doctor s-ajungi!)

Eram cavaleri, regi si regine
Printi, printese sau... soldati
Doamne cat era de bine!
Eram mame, prunci sau... tati!

Azi... e-o dulce amintire
Retraita-n nostalgie
O... duioasa povestire
In suflet... fotografie.

Frumusetea

Vad frumusetea in fiecare rasarit de soare,
In razele duioase ce-mi mangaie obrazul,
In stropii de lumina, in nisipul sub picioare,
In pescarusul alb, pe stanca, ignorand talazul.

O vad in ganguritul de copii,

In zambetul nevinovat,
In macii rosii din campii,
Intr-un sarut in seri tarzii furat.

Vad frumusetea in fiecare pom ce plange,
In frunza aurie, in fiecare floare,
In apa cristalina a izvorului ce curge
purtand prin muntii falnici o tainica cantare.

O vad in lacima de bucurie-a unei mame,
In ruga-n ceas de seara pe genunchi,
In poza favorita-n dosul unei rame,
In spicele de grau cuprinse in manunchi.

Vad frumusetea in fiecare fulg de nea,
In turturii la stresini, in florile de ghiata,
O vad in noaptea rece in zambete de stea,
In bruma pe coline in zori de dimineata.

O vad in serile tarzii de iarna la bunici,
Si in povestile cu zane si cu zmei,
Cu Feti-Frumosi, cu Alba ca Zapada si pitici,
Si cu balauri printre-ntunecatele alei.

Vad frumusetea in primii ghiocei,
In viorele, in branduse si narcise,
O vad in muguri, in florile de tei,
In portile spre-o Noua Viata larg deschise.

Vad frumusetea in tot ce ne-nconjoara,
In viata noastra simpla pe pamant,
Vad frumusetea ca piatra scumpa, rara,
Ce ne-a fost daruita s-o purtam la piept de Cel Preasfant!

Frunza

Sub pasii mei desculti se schimba-n toamna, frunza
Si imbracata-n aur si rubine, ea vremelnicia-si plange,
Cu-al ei pastel de ruginiu impodobeste panza,
Cand printre stropi de soare tainica se frange.

Purtata pe alei de doruri si de vise,
Saruta talpa mea cu-atata gingasie.
Imi reinvie vechi sperante ce pareau ucise,

Primesc noi aripi, de avant si bucurie.

Aud in suflet fosnete de Dragoste si Har,
Si picuri de iubire in inima-mi zdrobita toarna muza,
Aprind din nou al multumirii vechi si… nou altar,
Sub pasii mei desculti se schimba-n toamna, frunza.

Gandind la Eminescu

Azi Eminescu mi-e in gand
Ratacitor prin Universuri
Alunecand pe-o raza spre Pamant
El inca scrie versuri.

La fel ca-n alte dati, demult
El printre rime tot ascunde
Cuvinte pline de tumult
Ce greu putem pătrunde.

De vrei egal sa il socoți,
Cu noi sa il asemeni,
Nu incerca ca n-o sa poti
El, scanteiaza-n cremeni!

Privind spre cercul nostru stramt,
Ne-ndeamna spre cautare,
"Porniți cu toții cu avant,
Spre tarmuri de visare…"

Nu cata vorbe pe-nțeles,
Nu-i totul la vedere
Dar uneori el a ales
Sa ne dezvaluie mistere

Azi nu mai cade ca-n trecut
In mari din tot inaltul
Caci s-a intors pe veci in lut
Acum e doar un… "altul"

Dar va ramane tot ce-a scris
Mereu o amintire vie
Un leac ce-n taina a prescris

Iubirea pentru… poezie.

Grabit

Pas dupa pas, grabit ma-ndrept spre alte primaveri,
In oceanul plin de vise vaslesc prin spuma amintirilor,
Pe strada aceasta 'ntortochiata care duce nicaieri,
M-opresc prea rar… ah, mult prea rar s-ascult parfumul florilor.

Sub praful auriu al lunii mi se naste iar un dor,
Caci, prin credinta vad cum stau deschise-a cerului ferestre,
As vrea sa cant… la brat cu ingeri albi, apoi sa zbor…
Si-n hora sa dansez cu stelele prin lumi celeste.

Dar, stau cuminte si tacut, in lumea mea, la rand
Privind cum ruginitele secunde se topesc in intuneric,
Departe… dar atat de-aproape… in pieptul meu, la mine-n gand,
E-adanc sapata Vesnicia, acest tainic, misterios Taram feeric.

Din floarea vietii mele azi mai cade o petala,
Ma-ndepartez, cu fiecare pas, de-acest pustiu uscat,
M-asteapta locul pregatit, cu sfinti la Masa cea Regala,
M-asteapta Viata Noua, stralucirea, m-asteapta Tata… la Palat!

Grajd cu miros de flori de tei

Un brat de stele se-nghesuie pe cer in Betleem, in Noaptea Sfanta,
Ninge 'ncet cu ingeri albi, si raze de speranta invaluie campia,
Iar brazi, indragostiti de clinchet de izvoare… au tresarit si… canta,
Se naste azi in lume, Promisul, Regele… Mesia!

Pastori buimaci, inmarmuriti, cu ohii largi deschisi …viseaza,
Pamantul se inchina, inalta osanale spre Cerul luminos,
Luna, impodobita-n ghirlande de lumina, straluce si… danseaza,
Se naste azi in lume, Promisul, Regele… Hristos!

O Stea se-ndreapta, cu bratele deschise spre-omenire,
Iar Magi, in departari, primesc umili imbratisarea,

Steaua incet se moare, se arde, ca sa dea de stire;
Se naste azi in lume pentru toti... Salvarea!

Din ieslea mica, din grajdul cu miros de fan si mucegai,
Copilul gangurind zambeste si... I-am intalnit privirea,
Intregul grajd miroase-acum a flori de tei... e-un colt de Rai,
Caci s-a nascut in inima mea pentru veci... Iubirea!

I love you baby!

Atatea amintiri si anii rand pe rand,
Se deapana in cel mai frumos vis,
Te port mereu in inima si-n gand,
Cu tine-alaturi viata pe pamant,
E minunata, colt de rai, e Paradis.

Cu dragoste ma coplesesti zi dupa zi,
Si ma alinti adesea cu privirea,
M-ai invatat ce-nseamna "a iubi"
Prin felul tau special de a zambi
Imi daruiesti in fiecare clipa fericirea.

Si azi din nou Lui Dumnezeu ii multumesc,
Ca mi te-a daruit sa-mi fi sotie,
Si tandru printre versuri iti soptesc;
I love you baby! Draga Ana te iubesc!
Si te-oi iubi mereu o vesnicie!

Ia-ne in brate

Cerne Doamne peste noi,
Fulgi de binecuvantari,

Ninge azi, in Anul Nou,
Pace, bucurii, cantari.

Toarna peste noi belsug,
-Sacul plin si indesat-
Umple-ne de Duhul Sfant,
Revarsa-L nemasurat.

Ne imbraca-n al Tau Har,
-Haina alba de zapada-
Ne pastreaza sfinti, curati,
Dragostea-n noi sa se vada.

Sufla vant de fericire,
Peste inimi intristate,
Si cu lanturi de iubire,
Leaga-ne in unitate.

Iarta-ne "obisnuinta"
Tot ce-a inghetat… dezgheata,
Ne 'ntareste iar credinta,
Si ne da o Noua Viata.

Poarta-ne si-n noul an,
Ia-ne 'n brate zi de zi
Vino Doamne mai curand,
Si ne du in vesnicii!

Iarna la Chicago

Au inceput din nou sa cada,
Printre uriasii de otel cu ochii reci,
Cantand aceeasi trista serenada,
Fulgi zglobi pe serpuitele poteci.

Giulgiurile iernii acopera mistere.
Ca intr-o lume fermecata,
Domneste, fara viata, in tacere,
O lacrima uriasa, inghetata.

Ninge lin cu stele able,
Pe strazile ce se sfarsesc in lac,
"Leru-i ler… florile-s dalbe"
Vechi amintiri legate, se desfac.

Imi amintesc, a fost "ca ieri"
Cand neaua era cea mai mare bucurie,
Ma opresc pe strada care duce nicaieri,
Inzapezit din nou in nostalgie.

Iarna

Cu-a ei haina de regina,
In caleasca-i de clestar,
Cand credeam ca n-o sa vina
A ajuns si la noi, iar,
Si a poposit in sat.
Noaptea-ntreaga tot a nins,
Iar apoi a inghetat
Tot covorul alb, intins.
Cu misteru-i ne-nteles,
Chiar cu inima-i de gheata,
Toti copiii o iubesc
Si-o asteaptă-n dimineata.
Are-n ochii ei cristale
Si te-ngheata c-o privire,
Dar copiii jos, in vale,
Sunt buimaci de fericire.
Ei urca pe deal razand,
Toti cu gandul doar la joaca,
Si cuminti asteapta-n rand,
Imbracati in promoroaca.
Zboara sanii printre vai.
Iarna sufla crivat rece.
Zgribuliti, chiar doi „dulai"
S-au pornit a se intrece.
Cerne-ntruna fulgi de nea,
Iar padurea-i argintie.
Are iarna-un „vino-ncoa'"
Si aduce veselie.
Plin de viata-i tot catunul.
Bubuie in sobe focul.
Tot dansand prin cosuri fumul,
S-a pornit ca-n basme jocul.
Vede-un bade de-a lui vacă,
Iar o maica toarce-n casa.

Face paine, alta-n troaca,
Una coase o camasã.
- Mai pe sara-i hora-n sat
Si-o sa vina si Gheorghita!
Se gandesc la maritat
Trei fatute cu codita.
Doi feciori, a lu' vecinu',
Lemnele de foc le taie.
Intr-o oala fierbe vinu',
In alta... apa de baie.
....
A venit iarna din nou.
Totul este neschimbat.
Printre dealuri, un ecou:
„Ceee, credeai ca v-am uitaaaat?!"

Imbratisati

Am prins in palmele mele reci,
Sclipirile iubirii din ochii tai senini,
Am vrut sa ramai o vesnicie, nicicand sa nu mai pleci...
Imbratisati, se ne ascundem pururi in lumini.

Am strans apoi usor la pieptul meu,
Suavul trup al tau de floare,
Am vrut sa raman acolo, o vesnicie cu tine mereu...
Imbratisati, sa ne-mprastiem parfumul inspre soare

Am atins cu obrazul meu rosu si cald,
Obrazul tau alb, catifelat
Si-am inteles pe loc ca viata-ntreaga-o sa ma scald
In apele iubirii ce in soapta-ti dulce am aflat.

Am sters lacrimile, al suferintelor nectar,
Iar zambetul ti l-am lasat liber sa zboare,
Si am ramas acolo impreuna, zilnic coplesiti de har,
Imbratisati pasim incet spre ultima Chemare.

Imi amintesc...

Purtat de fulgii albi de nea, nostalgic spre acelasi loc mereu,
Imi amintesc, cu bucurie, prima noastra intalnire,
Eu, un pastor la oi, murdar si cu mirosul greu,
Tu, Mantuire, Rege, Fiu de Dumnezeu,

Eu… vise moarte, deznadejde, Tu Speranta si Iubire.

Atunci, s-a intamplat in viata mea Minunea,
Si am ramas o clipa, fara de puteri, inmarmurit,
Ingenunchiat, fara grai, nerostita… mi-am plans, rugaciunea,
Ce bucurii! Ce mare Har! A disparut pe veci genunea!
Zambindu-mi, chiar acolo-n grota rece, m-ai iubit.

Imi amintesc… s-au adunat si altii sa Ti se inchine,
Si aur, smirna, daruri scumpe, Magii Ti-au adus in dar,
Eu, chiar nimic de pret, n-aveam cu mine,
Aveam… pacate, murdarie si… rusine,
Tu m-ai primit si imbracat in Har.

Purtat de fulgii albi de nea, nostalgic spre acelasi loc mereu,
Imi amintesc… si se repeta, an de an Minunea,
Tu esti la fel un Prunc in Iesle, Rege, Vesnic Dumnezeu,
Pastorul cel murdar si mirosind, acum mai alb ca neaua, doar prin Har, sunt eu,
Iar ieslea, crucea si… mormantul gol pastreaza-n inima mea, pentru veci, Iubirea!

Imi dai aripi ca sa zbor

Daca-n negura din noapte,
Uneori mai cad pe cale,
De ma inspaimanta soapte,
Prin a "umbrei mortii vale",
Da-mi din nou Lumina Vie,
Fa-ma ca sa vad iar clar,
Pune-n pieptu-mi melodie,
Urca-ma pe munti de har.

De-n furtuni imi pierd credinta,
Si catargu-i rupt de vant,
De mi-e franta chiar vointa,
Si de nu mai pot sa cant,
Toarna-n mine Duh Divin,
Ca sa biruiesc tot greul,
Fa-mi Tu cerul mai senin,
Si arata-mi curcubeul.

Prin suspine si durere,

Cand ma simt ca-s parasit,
Cand n-am pace, mangaiere,
Cand sunt trist si obosit,
Doar Tu esti al meu balsam,
'mi alini ranile ce dor,
Zi de zi si an de an,
Imi dai aripi ca sa zbor!

In genunchi la cruce

Am facut liniste-n mine,
S-ascult soaptele durerii,
Am inchis ochii,
Sa pot vedea cerul cum plange,
Am deschis bratele,
Sa-Ti primesc imbratisarea,
Si am cazut in genunchi la cruce,
Coplesit de Iubire.

In Gradina Ghetsimani

O lacrima razleata a inceput sa zboare,
Iar vantul mangaia-n gradina toti maslinii,
Se prelingeau pe piatra picuri rosii de sudoare,
din inima cea franta a Iubirii.

O lacrima razleata s-a inaltat spre stele,
Si s-a topit in lupta in slavile de jar,
Ah, cupa e prea plina, pacatele-s prea grele!
Te rog Parinte-ndeparteaza acest pahar amar!

O lacrima razleata cazu apoi in tina,
Si-a tresarit pamantul simtind jertfirea sfanta,
A luat Isus paharul platind a noastra vina,
In gradina fermecata, acum maslinii... canta.

In ochii tai ma scald seara de seara

In ochii tai ma scald seara de seara,
Tresar cand tu in vise ma privesti,
Si ma trezesc in melodii duioase, de vioara,
Cand la ureche imi soptesti ca ma iubesti.

Imbratisarea ta, e ca un foc de stele,
Cuprins in bratele-ti fierbinti, eu ma topesc,
Iar inima imi bate-n piept ca vantu-n vele,
Si fiecare zvacnet spune; Te iubesc!

Cand imi zambesti, coboara cerul pe pamant,
Si ca un prunc, din nou ma fastacesc,
Iar glasul tau duios, e cel mai frumos cant,
Te-ascult... si-s fericit ca te iubesc.

Obrazul tau e ca ciresu-n floare,
Ce niciodata nu ma satur sa-l privesc,
Cu tine fiecare zi e sarbatoare,
Si-n fiecare clipa te iubesc.

Intregu-ti chip e un mister de primavara,
Sapat in sufletul tau tandru eu ma odihnesc,
Te strang la pieptu-mi.... o comoara rara,
Si dincolo de moarte, vesnic... te iubesc!

In piept cu stele-aprinse si... dor de Dumnezeu!

Taceri misterioase acoperite-n giulgiuri inghetate,
Imi asurzesc azi sufletul, nascut din nou, din amortire,
Cenusa focului neaprins si lacrimile planse nevarsate,
Atatea stele ne-nascute si vise zac pierdute-n amintire.

Azi, zorii Noii Vieti se catara pe munti, in zare
Si s-au aprins iar focurile primelor Iubiri,
Lacrimi eliberate, transforma pustiul in izvoare,
A explodat din nou gradina, in joc de trandafiri.

M-am dezlipit incet de umbra-mi, si am zburat spre soare,
Pasesc cantand cu ingeri in cor, pe drumul meu,
Si "mor" putin cate putin, inaintand spre Tarmuri de visare,
In piept cu stele-aprinse si... dor de Dumnezeu!

In vesnicie voi sa traiti!

"La mulţi ani cu sănătate,
Să vă dea Domnul tot ce doriţi,
Zile senine şi fericire,
La mulţi ani să trăiţi!

Să fie viaţa numai lumină,
Şi din lumină să dăinuiţi
Pentru credinţă şi mântuire
La mulţi ani să trăiţi!"

....

Si-n anu' acesta cu Domnu-alaturi
Cu bucurie voi sa pasiti
S-aveti in casa paine pe masa
La multi ani sa traiti!

Iar in familii s-aveti iubire
Si-n jurul vostru s-o raspanditi
In unitate in Adunare

La multi ani sa traiti!

Ca lumea-ntreaga la voi sa vada
O viata sfanta si ca iubiti
Si cand la slava un glas va cheama
In vesnicie voi sa traiti!

Inchide ochii si-o sa vezi

Cand nu mai poti vedea de-atata suferinta,
Si ti-ai pierdut pe cale al tau tel,
Inchide ochii si priveste prin credinta,
Si o sa vezi Lumina-n capat de tunel.

Cand simti ca ti-e furata bucuria,
Si nimeni nu iti vine-n ajutor,
Deschide-ti sufletul si-asteapta vesnicia,
Te lasa inundat de al ei dor.

Cand vrei sa fii de ceruri tot mai strans legat,
Si-astepti privind in sus printre suspine,
Tu nu uita ca totu-i castigat,
Si cerul e adanc sapat in tine.

Cand e-ntuneric, ceata, vanturi si furtuna
Si te-mpresoara al lumii des pajenjenis,
Inchide ochii si-o sa vezi iar vremea buna
Ce nu o poti vedea cu ei deschisi.

Inchinare la "Desculti"

M-am descaltat de bocancii murdari de noroi,
Si mi-am facut aripi din dragoste si dor,
Am uitat de suferinta, de necazuri, de nevoi,
M-am imbracat in osanale si-am inceput sa zbor.

M-am golit de reguli, de legi si de forme,
Si gol, am privit spre Calvar,
Am lasat Iubirea din nou sa transforme,
Si "golul" sa-l imbrace-n Har.

Am rupt orice lant, am dat jos orice masca,

Liber, m-am inaltat spre slavile de sus,
Mi-am invatat sufletul sa traiasca,
Fara frica... deplin in Isus.

M-am desprins, o clipa, de lumea de jos,
Si-am inceput sa cant cu ingerii in cor,
Cu sfintii cei "desculti", cu fratii in Hristos...
M-am imbracat in osanale si-am inceput sa zbor.

Inchinare

Se prelinge mirul pe picioare Sfinte,
Spart mi-e Doamne vasul inaintea Ta,
Picura din suflet lacrima-mi fierbinte,
Rugaciunea urca fara de cuvinte,
Inima-mi zdrobita e tot ce-Ti pot da!

Genunchi-mi se-apleaca si cad la pamant,
In mana-mi murdara, tremura stergarul,
Sunt cuprins de teama, plang si ma framant,
Sunt fara nadejde si cazut si... frant,
Insa de pe cruce imi zambeste Harul!

Din nou pentru mine astazi Te-ai jertfit,
Mi-ai facut suspinul o Noua Cantare,
Ai facut din mine fiul Tau iubit,
Pacea ma cuprinde si sunt fericit,
Se prelinge mirul pe Sfinte picioare...

Inchis, cu portile deschise larg

Inchis, cu portile deschise larg,
Tanjesc o mana calda si-o imbratisare,
Atatea valuri reci in sufletu-mi se sparg,
Falfaie, rupte panzele pe vechiul meu catarg,
Si pescarusii albi se pierd in zare.

Un susur bland de primavara,

Se plimba azi pe strazile pustii,
Nascuta din cenusa pasarea sperantei zboara,
Si parca suferinta-i mai usoara,
De porti in suflet dor de vesnicii.

Un clopot bate-n miezul zilei a durere,
Si din balcoane mai rasuna cant si rugaciuni,
Iar cerul cerne stropi de har si mangaiere,
Eu printre lacrimi 'mi-amintesc de Inviere,
Si de Acel ce poate face si-azi minuni.

Inchis, deschid ferestre spre Ierusalim,
Si las sa zboare rugi de adorare,
Azi nu-ntelegem, totusi noi Te preamarim,
Si Iti strigam din piepturi frante; Te iubim!
Doar Tu ne poti aduce pace, liniste, iertare.

Inchis, cu portile azi larg deschise,
Va daruiesc virtual o-mbratisare,
Si imi doresc ca versurile mele simplu scrise,
Sa nasca noi sperante si noi vise,
Si-un si mai mare zel de inchinare.

Indelunga Lui Rabdare

In fiecare zi, din pragul Casei Tale,
Privesti in jos, cu ochii umeziti de dor
Dar vai, nu urca sufletul pierdut din vale,
Tu tot astepti, plin de iubire, in pridvor.

Te-ai imbracat in haina Ta cea mai frumoasa
Si ai croit un drum cu sange Sfant - de trandafir petale
Mai e putin, o clipa doar, pentru a Ta Mireasa
Dar vai, nu urca sufletul pierdut din vale!

E totul pregatit de marea Sarbatoare
E masa-ntinsa si lumina straluceste in cristale
Ingeri in alb si multi nuntasi, si veselie, si cantare!
Dar vai, nu urca inca, sufletul pierdut din vale!

Cu bratele-Ti deschise parca esti pe cruce iar,
Ma napadesc in suflet amintirile Pascale
Imi amintesc de Jertfa-Ti, de Dragoste de… Har,
Dar cine-i sufletul pierdut ce-l tot astepti din vale?

Zambesti, dar fata trista tradeaza durerea
Si-nlacrimat raspunzi cu glas sfasietor,
"-Pe tine, sa iti darui Infierea,
Pe tine, Fiul Meu ….risipitor!"

Invata!

Invata ca un zambet, iubind, poti sa oferi,
Si lacrima tristetii, invata cum s-o stergi,
Invata sa cresti nuferi si sa alini poveri,
Invata cum in viata doar catre Cer sa mergi.

Invata sa asculti, pe cel ce-si vars-amarul,
Dar si sa-nchizi urechea la barfa si pacat,
Priveste prin credinta intotdeauna… Harul,
Alege frumusetea din tot ce-i bun, curat.

Invata din putinu-ti cum sa hranesti flamanzii
Invata ca slujirea e…. binecuvantare
In timp vei intelege, secretele izbanzii
Invata; cand esti mic atunci tu vei fi mare.

Invata sa dai apa celui ce-l vezi setos,
O haina sau un pat, strainului din strada,
Invata cum se poate chiar pe Isus Hristos
Sa Il arati, si-n tine toti sa-L vada.

Invata mijlocirea in nopti, in rugaciune
Si lasa-te in taina pentru ai tai, arzand,
Asteapta cu rabdare si crede in "minune"
Asculta vorba-I dulce din Sfantul Sau Cuvant.

Invata multumirea, in zile fara soare
Cand nu mai poti zbura, cand aripile-s frante
Invata bucuria de la caisu-n floare,

Invata inc-o data cum sufletul sa-ti cante!

Invata prieten drag, sa-ti numeri ziua bine
Invata cum sa capeti, o inima-nteleapta,
Invata, invata… caci in curand El vine,
Si-atunci in vesnicie rasplata te asteapta.

Istoria scrisa de inaintasi

Istoria scrisa de inaintasi
E pentru fiecare azi, o carte vie,
Pasim cu umilinta-n a lor pasi
Mandri de scumpa noastra Romanie.

Au fost eroi ce au crezut in libertate
Si uneori si-au pus chiar viata "la bataie"
Oameni simpli, patrioti visand la unitate,
Cu dragoste de tara-n piepturi arzand valvataie.

La Alba Iulia, atunci, la Sarbatoare
La poalele Cetatii cu toti adunati
Ei, inimi langa inimi au sfaramat hotare
Porti vesnice croit-au in muntii vechi Carpati.

Sufla un vant prielnic, de sus de la cetate
Si-atunci poporul nostru si-a ridicat grumazul
Si-n piept cu dorul sacru, un dor de libertate
Si-au amintit romanii de-al lor voivod…Viteazul.

Sa-nfaptuit Unirea si Romania-i mare,
O tara minunata, cu oameni minunati.
Pe cerul plin de nouri rasare un nou soare,
Romani de pretutindeni intaia oara frati.

Trecut-au ani de-atuncea si iar am fost legati,
Cu funii groase, rosii, de marsavii tirani
Am fost loviti in suflet, mintiti, furati, tradati
Si tara ne-au condus-o din nou doar sarlatani.

"Exista Dumnezeu" a rasunat in noapte
"Nicicand poporu-acesta nu poate fi infrant"!
"Desteapta-te romane, din somnul cel de moarte",
Si…. file de istorie s-au scris cu sange sfant.

Ramane amintirea si visul de mai bine

Recunostinta noastra pentru eroi, stramosi
Si-n ziua cea de maine orice pe cale vine
Cu Dumnezeu alaturi pasi-vom bucurosi!

Si daca, se repeta istoria...cumva
Poporul nostru este mereu invingator!
Si Romania noastra pe veci va exista
Sa ne traiesti azi Tara, s-ai falnic viitor!

Azi a trecut un secol, suntem la Sarbatoare,
Deci sa venim cu totii "sa dam mana cu mana"
Sa ne unim in Hora si sa jucam in soare,
Cu dragostea de tara in inima... romana.

Istoria scrisa de inaintasi,
E pentru noi si azi o carte vie
Pasim cu umilinta-n a lor pasi,
Mandri de ei si scumpa noastra Romanie!

Iti daruiesc un martisor

Din stralucirea fulgilor de nea
Din razele care strabat prin nor
Din neschimbata, vesnica, iubirea mea,
Iti daruiesc un martisor!

Alb-rosu impletit cu gingasie,
La piept sa-ti umple inima de dor,
De pace, dragoste, iubire, bucurie
Iti daruiesc un martisor!

Simbol de viata noua, primavara,
Pasind prin timp firavul calator,
La tine-n piept e azi o "piatra rara"
Micutul meu si sincer martisor!

Iti multumesc

Iti multumesc ca Tu m-ai dus in lume,
Din pantecele mamei m-ai ales,
M-ai infiat si-acum eu am un Nume,
Mi-ai dat sa gust din Haru-ti neinteles.

Iti multumesc ca-ntotdeauna mi-esti aproape,
Si-n Urma Ta cu-ncredere pasesc,
La glasul Tau, pot chiar umbla pe ape,
Si munti inalti prin Tine-i cuceresc.

Iti multumesc cand sulfa vantul cu putere,
Cand vin atatea valuri de-ndoieli si-ngrijorari,
Iti multumesc ca Tu esti pace, mangaiere
Belsug de ploi de binecuvantari.

Iti multumesc ca esti cu mine prin furtuna,
Si ca ai pus pe cer un curcubeu,
Ca Voia Ta intotdeauna-i buna,
Ma-ncred in Tine chiar cand mi-este greu.

Iti multumesc in diminetile cu soare,
Cand razele ma mangaie cu duiosie,
Iti multumesc si-atuncea cand ma doare,
Cand lacrimi multe uda vechea glie.

Iti multumesc si-n seara instelata,
Cand doru-mi se inalta catre cer,
Iti multumesc in nopti de ruga, Tata
Cand imi raspunzi, in camaruta, in al meu ungher.

Iti multumesc, si ma inchin cu totul Tie,
Caci sunt al Tau si pururi Te iubesc,
Iti multumesc ca esti al meu, pe vesnicie,
Iti multumesc, Iti multumesc, Iti multumesc.

Iubire

Au explodat in noapte milioane de lumini,
De parca toate stelele coboara pe pamant,
Zapada feeric straluceste-n crengi de pini,
In jur e numai fericire, bucurie, cant.

Acum, ni se impart cadouri tuturor,
Secunde, zile, ani, decenii-n dar,

Penita Suprema traseaza usor,
O linie speciala pe-al nost' calendar.

Pe fila cea alba se scrie-o poveste,
Si pasu-mi de maine e pus in Cuvant,
Azi calc pe cararea ce El mi-o croieste,
Si orice silaba-i doar Harul cel Sfant!

Exclamatii!!!, apar uneori, pe hartie,
Si simt ca ma-nalt de pe fila, sa zbor,
Imi scrii doar cuvinte de "har", "bucurie"
Urmate de… "pace", "iubire" si "dor"!

Ma porti prin poveste pe aripi de vis,
Sunt cel mai fericit, de cand Te-am cunoscut,
Caci pentru mine cerul ai deschis,
Si fila dupa fila-s mai aproape de-nceput!

Povestea-mi ce poarta ca titlu… "Iubire"
Ai scris-o cu lacrimi, demult la Calvar,
Pasesc bucuros printre file-n uimire,
Si-n anul ce vine-mbracat iar in Har!

Iubirea

In gradina, eu "maslinul milenar"
Azi, imi deapan povestirea,
O poveste reala, despre Dragoste si Har,
Despre Isus Hristos care-I Iubirea!

Mi-amintesc!... milenii-n urma,
Era bezna-n toata omenirea,
Insa noaptea grea pe veci o curma,
El, Isus Hristos... Iubirea.

Un Copil, cu ochi senini de pace,
Profetit si asteptat,
A venit ca lumea sa impace,
Cu Eternul Imparat.

Mi-amintesc... de magi, pastori,
Steaua, Ieslea si... Ostirea,
Mi-amintesc de gloate, ramuri de finici si flori,
Cum intra-n Ierusalim... Iubirea.

Rasuna Osana! si toti se inchina,
E veselie, sarbatoare, fericire
Un Rege ce aduce libertate si Lumina!
Un Rege Sfant, un Rege ce-I Iubire!

Imi amintesc, cum, mai tarziu plangea-n gradina,
I-am intalnit doar pentru-o clipa, atunci, privirea,
Si-am inteles ca plin de dragoste, far' vina,
Se pregatea sa moara pentru noi... Iubirea.

Intre doua cruci, pe deal se-nalta-o cruce,
Parca mult mai neagra si... mai mare,
Iubirea, batuta, scuipata, sa moara se duce,
Iubirea, oferindu-ne la toti, in dar, iertare.

Imi amintesc apoi a treia zi... de dimineata,
Cand, se parea ca totu-i in zadar, pierdut
Cum stralucind in haine de lumina m-a privit duios in fata,
Si cum, Iubirea vie-n veci de veci, pe loc am cunoscut.

In gradina, eu "maslinul milenar", uimit
Imi inchei azi povestirea,
Dar sa stiti; povestea Iubirii nu are sfarsit,
Si astazi, inca se mai plimba printre noi, zambind, Iubirea.

Iubitului meu

Iubitul meu,
Te iubesc atat de mult si imi este atat de dor de Tine.
Ma gandesc in fiecare dimineata la Tine si sunt atat de bucuroasa ca pot sa-Ti scriu zilnic si ca vorbim si ne auzim si ca de fiecare data imi raspunzi. Sa stii ca scrisorile Tale de dragoste le pastrez in sertarele inimii mele si le citesc din nou si din nou in fiecare zi.
Seara ma culc cu gandul la Tine si cu speranta ca poate…"la noapte ai sa vii". Sunt pregatita.
Te astept mai mult ca orice!
Iubitul meu, imi amintesc cu drag cum mi-ai facut, prima data, aceea frumoasa declaratie de dragoste.Tresalt de bucurie si de emotie si acum, cand imi aduc aminte. Iti amintesti?!… atunci… acolo, sus pe deal, la Golgota, cand de pe cruce cu un ultim efort mi-ai zambit si parca o lacrima de bucurie se prelingea din coltul ochiului pe obrazu-Ti insangerat, mi-ai soptit melodios "te iubesc", am dat totul pentru tine, sunt al tau doar sa astepti. Iti amintesti?!… cum mi-ai spus ca mi-ai cumparat si rochia de mireasa, alba ca zapada, si… sa nu-mi fac nici o grija ca totul e platit de Tine cu sangele Tau.
Am plans atunci, trista si plina de bucurie (cine poate explica astfel de stari paradoxale!?) si Ti-am promis ca Te voi astepta chiar de ar trebui sa Te astept toata viata.
Ai zambit si cu fata plina de sange, stralucind de iubire mi-ai spus ca Te duci sa pregatesti nunta, sa-mi alegi coronita de diamante si sa faci toate pregatirile in detaliu pentru luna noastra de miere. Am zambit si eu cu fata-mi plina de lacrimi si Ti-am marturisit dragostea-mi inca o data promitandu-Ti ca ma voi pastra curata si ca nimeni si nimic nu ne va putea desparti vreodata.
Cu aceste cuvinte ne-am luat ramas bun iar ultimele Tale cuvinte au fost "o sa vin curand".
De atunci si pana astazi sunt mereu fericita si Te astept in fiecare clipa din viata mea.
E adevarat ca uneori mi-e greu, nu mai am rabdare, ma simt singura, parasita, neinteleasa, chiar ne-iubita dar intotdeauna dupa ce-mi scrii si citesc scrisoarea ma reasiguri de dragostea Ta si intotdeauna imi amintesc de promisiunile si legamintele facute unul altuia, lacrimile-mi cad pe filele scrisorii si plina de bucurie cant (nu stiu de ce ma pomenesc cantand?) si plang.
Da, Te iubesc! si Te voi iubi mereu!, Te astept pana vii, sunt a Ta, esti al meu.
Iubitul sufletului meu!
Vino Isuse! Vino repede Iubitule!

Astazi vreau sa-Ti spun pe fata,
Te iubesc si esti al meu,
-Luceafar de dimineata-
Sunt a Ta cu totul… eu.

Sunt atat de fericita!
Inima-mi zvacneste-n piept,
Sunt pe veci aTa iubita,
Al meu Mire, Te astept!

Arde-n mine nerabdarea,
Ochii-s atintiti in sus,
Inima-mi canta cantarea,
"Vino, Mire drag, Isus"!

La multi ani frate Pastor

Bucurosi de ziua ta,
Azi iti facem o urare;
Fii un far in lumea rea
Straluceste ca o stea,
Fii lumina pe carare.

Zilnic zambete presara
Si la bine si la greu
Fii-n "gradina" floare rara,
Viata-ti fie-o primavara…
…vesnica cu Dumnezeu!

La multi ani si numai bine,
Multe binecuvantari,
Iar in anul care vine
Sa ai numai zile pline,
De iubire si cantari!

Sa-ti dea Domnul zi de zi
In viata ce-ti doresti,
Fericire, bucurii
Si pasind spre vesnicii
Tu mereu sa-ntineresti!

Cu pasiune mergi 'nainte,
Prins de-al Dragostei fior,
Si-mbracat in haine Sfinte,
Harul sa iti dea Cuvinte,
La multi ani frate Pastor!

La sanius

Orasul iar e azi in sarbatoare,
Ca-n amintirile.... copilariei,
Din nou vazduhul cerne lin ninsoare,
Si-s la sanius copii-n damb.... pe strada "Veseliei".

Au caciulitele cu "ciucurul" in vant sau...lipsa... si.... manusi
… desperecheate sau... "doua pe-o mana",
Rosii-n obraji grabesc spre derdelus,
Ca timpu-i scurt pana desear' la cina!

Saniute zboara una dupa alta, ca avioane
Cu "clisa"-s unse spre-o mai buna 'lunecare,
Ligheane, troace, camerele de tractoare,
Sunt nave-n drumul lor spre... Soare!

Cu toti sunt dornici sa ajunga sus,
Si cine nu ar vrea sa fie primu'!
La-ntrecere se ia chiar si Labus,
Si tinta, Soarele, e... gardul lui vecinu.

Se sfarteca-n genunchi un pantalon,
Altul se rupe in fund... pe cusutura,
Si cade-n santul cu mocirla inghetata un..."avion",
Ionel..."pilotul" are-n frunte-o umflatura!

El plange, altii rad... neinteleasa armonie,
Suvoi de lacrimi se preling incet pe fata,
Nimic nu poate stinge aceasta bucurie,
Raze de soare si cristale-n ghiata!

Zapada-i Calea, fulgi-s stele pe carare,
Si-al copilariei Univers e infinit,
Dar vine fratele Ilie de la adunare,
Toarna cenusa pe "Calea Lactee"... s-a sfarsit!

Lacrima

Genunchii de lut se roaga-n tacere,
pe-altar inima plange zdrobita.
Eliberata… lacrima ferecata de pleoape,
zboara cu pasarile albe ale sufletului meu,

spre inaltimi de Lumina Infinita.

Lacrimi sterse

Cu sufletul mahnit de grea povara,
Cu inima-mi ranita de necaz,
Oftatul meu spre Ceruri zboara,
Spre cea mai minunata Primavara,
Cand Tu 'mi vei sterge lacrima de pe obraz.

Cand valurile negre simt ca ma ineaca,
Cand sunt cuprins de-al grijilor talaz,
Si cand oceanul lacrimilor curse, seaca,
Astept, tacut, o Zi cand Mana Ta se-apleaca,
Sa-mi stearga orice lacrima de pe obraz.

Cu sufletul cuprins de bucurie,
Cu inima-mi iertata… in extaz,
Orice-ar veni si orice-ar fi sa fie,
Pasesc prin Har, zi dupa zi spre Vesnicie,
Unde Isus 'mi va sterge lacrima de pe obraz.

Lacrimile unei mame de Craciun

In casuta veche,
Din drumul spre gara,
Cu-al meu mos-pereche,
Plang, in ceas de seara.

Peste casa ninge,
Alb, in stralucire,
Sufletu-mi atinge,
Un fulg de iubire.

O steluta albastra,
Palpaie-ntre stele,
Si-alina maiastra,
Lacrimile mele.

Niste flori in glastra,
Mangaie al meu dor,
Vantul la fereastra,

Suiera usor.

Fara aripi... ingeri,
S-au oprit in tinda,
Baieti, fete, tineri,
Cu drag ne colinda.

Pruncii ni-s pe drumuri,
Umbla... hoinaresc,
Va trece Craciunul,
Fara sa-i zaresc?

Suna ei saracii,
Cand timpul ii lasa,
Eu cu cozonacii,
Ii astept pe masa.

Poate-n seara asta,
O sa vina...sper,
Tata, asculta-mi ruga,
Ce-o inalt spre cer.

Zambind mosu-mi striga,
Hai, baba sub duna,
Lasa-i c-o sa vina,
Si-om fi impreuna.

Adorm obosita,
Dar visez placut,
Maine-s fericita,
Un nou inceput.

Se-aude zavorul?
Scartaie portita?
A venit feciorul?
A venit fetita?

Sar din pat in graba,
Sunt "cei mici" cu ei?
Vai, "baba neghioaba",
Este doar Grivei!

Viata mi-e amara,
Si ma usc de dor,
Insa inspre seara,
Cine-i in pridvor?

S-au intors acasa,
Toti cu mic si mare,
Plansul nu ma lasa,
Azi e sarbatoare!

Sarut mana mama,
Sarut mana tata,
Ce-i atata drama?
Mama-i suparata?

Nu. E fericita!
Plange, bucuroasa,
Este fastacita,
C-ati venit acasa.

Putin suparat,
Un copil ingana,
Dar v-am vizitat,
Acu-o saptamana!

Lasa asta…. lasa,
Hai c-am facut "pita"
Poftiti toti la masa,
Azi sunt fericita!

"Din an in an sosesc mereu…"
Colindu-ncet rasuna,
Mocneste focu-n semineu,
Cantam toti impreuna.

S-a nascut Mesia,
Astazi e Craciun,
Simt iararasi bucuria,
Domnu-I vesnic bun!

Limba mea, limba romana!

Limba mea e cea mai dulce,
Dintre toate pe pamant,
De ma las purtat, ma duce,
Printre versuri si prin cant.

Limba mea e din Lumina,
Rasarita-n zori de zi,
Limba mea, limba romana,
Straluceste-n poezii.

Limba mea-i glas de izvoare,
E in fluier de ciobani
E-n cant de privighetoare,
Si in graiul la tarani.

Limba mea e adierea

vantului, prin frunza deasa,
Limba mea-i dulce ca mierea,
Limba mea-i cea mai aleasa.

Limba mea-i freamat de stele,
E iubirea dintre frati,
E in versurile mele,
Si-n ecoul din Carpati.

Limba care ne aduna,
De la margini de pamant,
Limba mea, limba romana,
Va fi pururi graiu-mi sfant!

Lumina

S-a sfaramat ulciorul unde pastram cu-atata grija, de-atata vreme, ascunsa lumina
Si cioburi de lut invaluite-n aur curat straluceau acum imprastiate-n noapte
Ea, libera in sfarsit, s-a impartit in mii si mii de raze, in milioane de soapte
Un strop de Har a picurat pe capul meu murdar si sub Lumina, prima data clar, mi-am vazut…vina.

Ma inveti

Ma storci in teascul Tau mereu,
In taina ma inveti zdrobirea,
Ma vrei Copil curat de Dumnezeu,
Si printre lacrimi inteleg Iubirea.

Tu ma framanti pe roata-Ti de Olar,
Ma pui in Focul Sfant sa ma calesti,
Un vas de cinste-s pregatit… prin Har
Si printre lacrimi inteleg ca ma iubesti.

Adesea ca un bob de grau ma simt uitat,
In glia neagra, rece… si ma doare,
Dar Tu-mi soptesti ca-s pentru-o vreme semanat,
Si in curand voi rasari si straluci in soare.

Ah, Doamne sunt de-atatea ori cuprins de dor
Si Tu ma-nveti sa cred, s-astept, sa am rabdare
Curand Te-oi intalni in slavi, pe nor
Si vom trai-mpreuna pe vecii in Sarbatoare!

Macii

Nascuti din sangele eroilor varsat,
Vegheaza devotati langa morminte,
Imbrac' altarul celor ce-au plecat,
Cu frumusetea din a lor vesminte.

Vapai de foc inunda iarasi campul,
Faclii ce ard visand mereu la libertate,
Impodobesc cu trupurile lor firave azi pamantul,
Si ne indeamna simplu la iubire si la unitate.

Cu lacrimi rosii lanurile sunt udate,
Chiar daca-s tristi ei totusi inca canta,
In adieri de vant spre ceruri rugi purtate,
Pentru o lume buna, dreapta si mai sfanta!

Mai e putin

Nu dispera cand te loveste valul,
Ridica-te plin de credinta iar si iar,
Mai e putin, deja se vede malul,
Vezi!?... straluceste sus pe stanca-un Far!

Nu dispera cand esti in viscol si furtuna,
Cand norii-s negri si ti-e foarte greu,
Mai e putin si vine iarasi vremea buna,
Va aparea din nou pe cerul tau un curcubeu.

Nu dispera cand noaptea pare fara de sfarsit,
Intotdeauna dupa noapte vine-o dimineata,

Va straluci iar soarele deasupra la zenit,
Mai e putin pana la Ziua cea glorioasa si mareata.

Nu dispera de crezi ca ai pierdut lumina,
Aprinde-ti iarasi, iute, candela cu Focul Sfant,
Te pocaieste, recunoaste-ti cu cainta vina,
Si mergi 'nainte, cu faclia sus, prin lume cu avant.

De esti lovit de fratii tai... nu dispera
Intoarce cu iubire celalat obraz,
Curand chiar Domnul iti va sterge lacrima,
Si vei uita pe veci de-orice durere si necaz.

Nu dispera de ploua cu tristete si nevoi,
De cerul nu-i albastru si senin,
Curand vei straluci ca stelele, in Zorii Noi,
Mai e putin... mai e putin!

Mai mult decat alese martisoare

Un ghiocel iti daruiesc
Simbol de primavara si de-o noua viata
Si iti soptesc, duios, ca te iubesc,
mai mult in fiecare dimineata!

Mai mult decat alese martisoare
Adanc in inima-ti, iubirea mea sapata,
Ti-o daruiesc sa o pastrezi, mereu nemuritoare
Nu va dispare nicicand... niciodata!

Maine, din nou... va fi bine

Azi ruga-mi se-nalta tacuta, spre cer,
Si lacrimi ascunse se 'neaca in mine,
Faclia ce arde pe-altar in ungher,
ma-ndeamna intruna sa cred si sa sper,
ca maine, din nou... va fi bine.

Genunchii se-ndoaie si cad in tarana,
Ma-nchin Celui ce-n Har ma sustine,
Pe bratu-l puternic ma poarta-n furtuna,
Prin vuietul noptii aud soapta-l buna,
Sa stii... maine, din nou... va fi bine.

O pasare canta si-o floare-mi zambeste
incercand suferinta, durerea s-aline,
Un fluture magic, duios imi sopteste
El, Creatorul neincetat ne iubeste,
iar maine, din nou... va fi bine.

Ridic astazi ochii spre ceruri si cant,
Mi-e dor... 'mi-e asa dor Doamne de Tine,
Vad curcubeul ce sta legamant,
Mi-amintesc promisiunea, ma-ncred in Cuvant,
Curand langa Tine, pe veci.... va fi bine.

Mama e cantec

Mama e cantec si e floare,
E mana care mangaie cand doare,
Mama e lacrima cazuta la pamant,
Si e cuvantul de pe lume cel mai sfant.

Mama e raza de soare si lumina,
Balsam misterios care alina,
Mama e inger din ceruri trimis,
Mama e zana cea buna, din vis.

Mama e doina, mama e dor,
Mama-i speranta, credinta… ajutor,
Mama e zambet si e cer senin,
Mama e altarul de iubire vesnic plin.

Mama e marea albastra, stravezie,
Mama e muza, si e vers de poezie,
Pe tabloul vietii, Mama e… culoare,
Mama e-o eterna sarbatoare.

Mama e apa curata de izvor,
Mama e aripa alba in zbor,
Mama e tril de ciocarlie,
Mama e… cea mai minunata melodie.

Mama-i dulcea adiere-n vant,
Mama-i cel mai sacru legamant,
Mama e ce-i mai bun, mai drag si mai frumos,
Mama… poarta in ea chipul Lui Christos!

Mama

M-ai strans la sanul tau de mama prima data,
Se prelingeau alene, lacrimi calde pe obraz
Şi doua inimi-una au inceput atunci sa bata,
Picaturi de fericire, tradau nemarginitul tau extaz.

Eram in siguranta, n-aveam nici o teama,

Caci am simțit pe loc ca ma iubești
Am ințeles atunci ca tu ești… a mea Mama
Și-mi vei fi Mama… cat o sa traiești!

In nopți tarzii in taina ma vegheai
Și imi spuneai, duios in șoapta; Va fi bine!
Tu orice rana și durere-mi alinai
Ai fost intotdeauna Mama, langa mine.

Ai fost intaiul sunet ce-am rostit,
Care-a deschis apoi un drum spre toata gama
Ai fost și ești cuvantul cel mai drag, cel mai iubit
Cuvant unic, cuvant magic, cuvantul pretios de… “Mama”!

Ai fost cu mine chiar la primul pas,
Mi-ai insuflat putere și vointa
Și cata dragoste simțeam in al tau glas,
Iar mai tarziu, m-ai invatat sa umblu prin credinta.

De mana m-ai purtat in prima zi la școala
Și prima carte am citit-o impreuna,
Atat de tandru-mi corectai orice greșala,
Si imi spuneai, ca eu sunt cea mai buna.

M-ai invatat sa spun ce cred și… simt
Si fara frica sa privesc mereu in sus,
Mi-ai spus ca niciodata sa nu mint
Si zilnic sa traiesc pentru Isus.

M-ai invatat sa raspandesc lumină-n jurul meu
Si sa alin pe semeni cu iubire,
Mi-ai spus ca sunt Copil de Dumnezeu,
M-ai invatat sa cred in Nemurire!

Atatea lucruri prețioase Mama-ai pus in mine
Mi-ai dat viata și m-ai invatat cum s-o traiesc,
Ii multumesc Lui Isus, Mama pentru tine
Azi, Mama draga, vreau sa-ti spun ca te iubesc!

Mare este Dumnezeu!

“Mare este Dumnezeu!”
Rostea zilnic … “bijutierul”,
(Stiti povestea-o stiu si eu)
Si se bucura tot Cerul!

Tot asa si-n vremea noastra,
Frati, surori, in pocainta
Cu privirea pe "fereastra"
Traiesc zilnic prin credinta!

Rostesc chiar si prin suspine,
Si la bine si la greu,
Orice incercare vine;
"Mare este Dumnezeu!"

"Mare este Dumnezeu!
Si-am primit atatea-n dar,
Nici un merit nu am eu,
Tot ce am si sunt e Har!"

Dar satana suparat,
De marturia frumoasa,
(Ca paganul imparat)
Nemernicul, nu se lasa.

Mai o boala, un... necaz
Si racneste ca un leu,
Insa fratii, la fel azi;
"Mare este Dumnezeu!"

Nu-i usor in incercare,
Dar satana e infrant
Caci Puterea cea mai mare
E-a Lui Dumnezeu Cel Sfant!

Astazi in furtuna-s eu
Langa mine frati vegheaza,
"Mare este Dumnezeu!"
Noi privim spre ce urmeaza.

Sunt purtat in rugaciuni
Biserica-Sfant nucleu,
Va vedea mereu minuni,
Mare este Dumnezeu!

Caci dupa furtuna grea
Straluci-va-un curcubeu,
Strig cu toata fiinta mea
Mare este Dumnezeu!"

Martisorul

Primavara e in prag,
Ghioceii ies in soare,
Lumini … cristale sirag,
Azi dau totul in vileag,
Vine marea Sarbatoare!

Cate-un om de nea, pe strada…
Se topeste-ncet de dor,
Parca prins intr-o sarada,
Un spectacol de Estrada,
Tristul, muribund actor.

Ingeri cu-aripi de lumina,
Isi schimba-n culori vesmantul,
Si brandusele-n gradina,
Broderii in "etamina",
Invelesc pamantul.

Totul e in stralucire,
Iar desprinse dintr-un nor,
Doua raze in unire,
Rosu-Alb, fir de iubire
Impletesc un martisor!

Mi-ai dat aripi sa zbor

Mi-ai dat un cioc. Am crezut ca sunt batjocorit,
Ca sunt uitat pe-acest pamant de Dumnezeu,
N-am inteles ca sunt iubit,
Si ca asa perfect m-ai plamadit
Cu cioc… sa-mi fie ajutor ades' la greu.

Mi-ai dat gheare. Am crezut ca sunt un blestemat
Si sigur, mi le-ai pus acolo din greseala,
Le port cu mine ca un defaimat,
Nu am stiut ca Tu din vesnicie m-ai format
In planul Tau perfect, o pasare speciala.

Mi-ai dat aripi. Am crezut ca-mi dai dureri,
Sa plang, sa ma tarasc si-apoi sa mor,
Atat de grele-n al meu spate. Sunt poveri!
Nu am vazut in ele noi puteri,
Nu am vazut ca mi le-ai dat, sa pot sa zbor.

Ca pasarea, nu inteleg nici eu, o bun Parinte
Atatea lacrimi si suspine si atata agonie,
Atatea boli, "tepusuri" si obstacole 'nainte
Dar ma arunc in ale Tale Brate Sfinte,
Si bucuros, cu aripi de sperata zbor spre vesnicie!

Mi-am patat sufletul cu alb

Coboara lin dintr-o indepartata stea
ingeri, deghizati in fulgi curati de nea.
Ninge binecuvantari... firimituri de stele
peste casuta mea si peste visurile mele.

Cuprins de fericire,
mi-am patat sufletul cu alb si... stralucire.
Era inghetat deci l-am lasat sa arda in iubire.
Intr-un tarziu s-a topit si-a zburat pe fereastra
liber, spre vesnicii... o pasare maiastra.

Dor

Mi-e dor, mi-atat de dor de dorul dupa "dor"
Mi-e dor, mi-atat de dor sa-mi fie iara... dor de "sus"
Se nasc in pieptu-mi zilnic "doruri" noi ... ce dor
Mi-e dor, mi-atat de dor din nou sa doara... dorul de Isus!
Mi-e dor

Ploua cu frunze reci si ruginite
peste trupul meu tomnatic si tampla-mi obosita.
Mi-e frig. Acopera-mi gandurile si visurile ne-implinite
cu Harul Tau Divin si Soapta Ta iubita.

Praful auriu al lunii se scutura usor
peste fata mea trista si lumea plumburie.
Mi-e frica. Picteaza-mi aripi si-nvata-ma sa zbor
spre zari albastre si spre slavi de bucurie.

Cad stele una cate una, rand pe rand,
si se topesc in noaptea sufletului meu uscat.
Mi-e sete. Toarna-mi Iubirea in inima si-n gand,
si fa-ma un izvor de Apa Vie nesecat.

Luceferi blonzi se scalda-n intuneric,
In odaite incuiate se duc lupte-n rugaciuni.
Mi-e dor. Mi-e dor de Chipul Tau feeric,
mi-e dor de sunet de trompeta, mi-e dor sa vii sa ne aduni.

Misterioasa, Unica Copilarie

Imi amintesc cu drag copilaria,
Un timp ce l-am avut... frumos, special,
Imi amintesc cum struguri culegeam din via
bunicului, cand impreuna ne duceam pe deal.

Cum strangeam prunele, cu sacul
Din livada ce-o avea de pruni
Imi amintesc painea bunicii si colacul...
Inca miros covrigii proaspeti, calzi si buni.

Imi amintesc si Crisul rece,
Si cum sa 'not am invatat,
Cum seara ne jucam pana la zece
Pe campul cel din margine de sat.

Si cum mergeam cu drag la balta,
In fiecare zi la pescuit,
Vara-ntreaga toti la scalda,
Ah, cat eram de fericit!

Imi amintesc... teren de fotbal am avut
pe strazi, jucand sub clar de luna

Si intre cartiere campionate am facut
Echipa noastra era cea mai buna.

Imi amintesc cum simplu ne jucam,
Mata ascunsa, baza, lapte gros
Si cat de fericiti radeam,
Cand toti eram cazuti gramada jos.

Cum mancam paine cu unsoare,
Si clisa fripta-n bat... mai rar
Cum din butoiul cel cu varza beam moare,
Ne delectam cu sos de usturoi ori de marar.

La soba veche ne 'ncalzeam,
Cu lemne sau... cu rumegus,
"Pets" noi in casa nu aveam,
In curte insa bucuros domnea Labus.

Iernile demult erau de vis,
Ningea cu alb curat din cer,
Noi ne simteam ca-n Paradis,
Cui ii mai pasa atunci de ger!?

Zburau sanii una dupa alta-n vale,
Iar de-ngheta afara era ca un dar,
Gropile pe drumuri deveneau speciale,
Si orice balta era sigur... patinoar.

Mergeam cu toti pe jos la scoala,
Prin frig, zapezi, noroi si ploi,
Dardaiam apoi imbujorati in sala,
Cu turturi si paltoanele pe noi.

Insa, noi copiii n-aveam nici o grija,
Caci eram fericiti si plini de bucurie
Cuprinsi si strans legati in minunata "vraja"
Misterioasa, Unica... Copilarie.

Moartea ne da azi tarcoale

Seara-n oras pe strazi moartea ne da azi tarcoale,
Stele nu mai zambesc, restaurantele toate sunt goale,

Tasnesc ape triste-n modernele noastre fantane,
Pana si lacul uitat-a de mine.

Luna batrana-i cazuta-n hiptnoza,
In centru, nu-s mai turistii sa mai faca vreo poza,
Stelele plang pe albastrul intins,
Imbratisarile toate incet ni s-au stins.

Pastram intre noi o distanta... prea mare,
Si doar la balcoane se mai aude cantare,
In parcuri, la lac nu mai ai ce cauta,
Inchis fiecare sta-n camera sa.

Aproape cu totii am uitat ce e munca,
Nu c-am fi lenesi... ascultam doar porunca,
Privim buimaciti toata ziua-n ecrane,
Uitam uneori si de sete... de foame.

Ne mor azi parintii si fratii si prieteni,
Plange ciresul, plang albi mesteceni,
Nu poti sa mai mangai cu-o mana pe umar,
Si parca cu totii suntem doar... un numar.

Orasele-ntregi azi sunt... pe moarte,
Neputinciosi privim spre rapoarte,
Spitalele pline, gem de durere,
Strigam catre ceruri si-asteptam mangaiere.

Iti cerem; ai mila, indura-Te iar,
Prea-ncins e cuptorul, ne scoate din jar,
Mai sufla o data de sus spre pamant,
Cu dragostea-Ti mare cu Duhul Tau Sfant.

Iar daca Isuse, esti gata sa vii,
Cu dor Te-asteptam, prin Har ai Tai fii,
Cu pace in suflet, cu ochii in sus,
Mireasa Ta draga, Te-asteapta, Isus!

Multumire

Vin Parinte-n ceasul serii,
Cu adanca multumire,
Pentru zambetul placerii,
Pentru lacrima durerii,
Pentru marea Ta iubire.

Pentru rasarit de soare,
Pentru magicul apus,
Pentru parfumul din floare,
Pentru ocean, pentru mare,
Doamne-Ti multumesc nespus!

Pentru amintiri si "dor",
Pentru visul implinit,
Pentru cer senin sau… nor,
Pentru pasarile-n zbor,
Pentru Har nemarginit.

Pentru bratul Tau cel tare,
Ce ma poarta zi de zi,
Pentru Far pe-a mea carare,
Pentru marea Ta-ndurare,
Se cuvine a-Ti multumi.

Pentru ploi, pentru zapada,
Pentru adieri de vant,
Pentru stele-n serenada,
Pentru pomii din livada,
Pentru hrana din Cuvant.

Vin Parinte-n dimineata,
Iti declar ca Te iubesc,
Pentru Jertfa Ta mareata,
In curand fata in fata,
Iti voi spune multumesc!

Nemuritor

Aprinde-mi Doamne, focul dragostei dintai, din nou
Sa arda-n pieptul meu la fel ca altadata,
Fa-mi soapta si condeiul un ecou,
Sa raspandesc in jur iubirea Ta de Tata.

Pastreaza-mi Doamne, flacara credintei in candela, vie
Uleiul sfant sa curga-ntotdeauna din belsug,
Fa-mi viata o frumoasa melodie,
Sa cant in fiecare zi, cu Tine-n jug.

Iar flacara-mi sperantei, daca uneori abia mocneste,
Mi-o fa un rug aprins, stralucitor,
Caldura si Lumina ce-o eman... sporeste,
Si-mi aminteste ca-s nemuritor.

Nicicand n-ai incetat sa ma iubesti!

M-ai cautat prin vai intunecate
Si-ai suferit atat de mult sa ma gasesti,
Eram murdar, ascuns in mlastini de pacate,
Dar tu-ai vazut, prin Dragostea-Ti, doar pietre nestemate
Nicicand n-ai incetat sa ma iubesti.

Pe cruce, mi-ai soptit, "primeste Darul!"
"Salvat, copilul Meu pe vesnicie esti!"
Din zgura neagra, Tu m-ai ridicat cu Harul
Vedeai prin Dragostea Ta mare doar "margaritarul"
Nicicand n-ai incetat sa ma iubesti.

Ai inviat si moartea e infranta
In ceruri, langa Tine, loc imi pregatesti
Iar de pe cale, uneori, inima iar... mi-e franta,
Imi amintesc!... si sufletul pe loc imi canta,
Nicicand n-ai incetat sa ma iubesti!

Nostalgie

Pe-un colt de cer, stelute unite in parada,
Privesc cu bucurie spre tarmuri de visare,
La mii de ani lumina, copii se joaca-n strada,
Ciresii prin gradini, au explodat in floare.

Cu ochii rosii, macii, isi plang vremelnicia,
Iar eu, murind minute, inaintez spre Viata.
Pe panza stearsa-a vremii, privesc copilaria,
In noaptea pe sfarsite, visand la Dimineata!

Se schimba-n toamne repezi, atatea primaveri,
Viata-secunde ruginite alearga pe cadran,
(Eram la joaca-n strada si eu, parca… "mai ieri")
O mica picatura in marele Ocean!

Mi-e dor de Tatal meu, mi-e dor de-a Lui Venire!
Sperantele imi curg in lacrimi de tacere,
Vad sufletu-mi cum zboara curand spre nemurire,
Cand zorii-or bate-n pleoape, Lumina de-nviere!

Nu e greu

E uneori atat de greu, doar sa vorbesti,
Si totusi poti vorbi atat de mult… tacand
Sa-ndrepti pe semeni spre Cararile Ceresti
Cu un pahar de apa, si o paine fratelui flamand.

E greu sa taci cu adevaru-n gura,
Si totusi, tu poti sa vorbesti,

Aceluia ce-i plin de ura,
Sa-i spui ca il iubesti.

E greu sa razi cand e-ntristare,
Si totusi, tu poti sa zambesti,
Caci stii ca nici-un munte nu-i prea mare,
Crezand, prin Har sa-l cuceresti.

Cand multi, atatia se distreaza,
Stiu ca e greu ca tu sa plangi,
Dar vreau sa stii ca lacrima-ti conteaza,
Cand pe genunchi, in dragoste, te frangi.

E greu sa mergi pe Calea-ngusta, dreapta,
Cand multe alte cai par mai frumoase si usoare,
Dar nu e greu cand stii ca te asteapta,
Isus in Vesnicii la Sarbatoare.

Nu e tarziu cat inca mai exista Har

Nu esti pierdut cand plangi cu foc in pocainta,
Nici cand cazut, sa te ridici, mai ai putere,
Esti mort, cand nu mai ai pic de credinta,
Si nu mai speri deloc la Inviere!

Nu esti infrant cand ai pierdut o lupta,
Nici cand atatea vise neimplinite pier,
Esti mort cand viata ta e rupta,
De Tata, de Dragoste si Cer.

Nu e tarziu cat inca mai exista Har,
Cat inca-ti bate-o inima in piept, mai poti
Dar vei fi mort pe veci de nu-L primesti in dar,
Pe Pruncul Cel nascut in iesle pentru toti.

Nu mai e mult

Nu mai e mult si ne vom pierde in Lumina,

Ne vom topi in Dragostea fara sfarsit,
Ne-om inalta din vaile de tina,
spre portile marete de granit.

Nu mai e mult si dezbracati de umbra,
Vom fi 'mbracati in slava si splendoare,
Vom parasi aceasta lume sumbra
zburand, cu aripile albe stralucind in soare.

Nu mai e mult, e toamna, viata-aproape ca s-a dus
Murind cate putin, inaintam spre Viata,
Curand va fi un rasarit al nost' apus,
Iar bezna noptii, o Eterna Dimineata.

Nu stiu

Nu stiu, in anul care vine,
De voi umbla prin munti sau vai,
Dar stiu ca Tu vei fi cu mine,
Si voi pasi in pasii Tai.

Nu stiu ce-aduce viitorul,
Va fi mai greu, va fi usor?
Dar stiu ca insusi Creatorul,
Imi va pazi al meu picior.

Nu stiu ce "soarta" ma asteapta,
De-oi plange sau de voi zambi,
Dar stiu ca merg pe Calea dreapta
In drumul meu spre vesnicii.

Nu stiu de vor fi multe gari si halte,
Sau de-oi ajunge la "liman"
Dar Tu-mi faci inima sa salte,
In fiecare zi din an.

Nu stiu nici daca o fi sa zbor,
De-o sa Te-ntorci dupa Mireasa,
Dar stiu ca mi-e atat de dor,
Sa vii si sa ma duci Acasa!

Oaspetele de Craciun

Afara ninge linistit,
Carbuni mocnesc in vatra,
Crestinu-adoarme obosit,
Vegheat de floarea-n glastra.

Din slavi de nedescris, de sus,
Chiar in al lor umil catun,
Venea in vizita voios Isus,
Astazi, in ziua de Craciun.

Ce bucurie si ce har,
Se-opri Mesia chiar in casa lui,
De Sarbatori, mai mare Dar
ca si acesta, nicicand, niciodata…nu-i!

L-a invitat indat' la masa,
Ce-avea mai bun a pregatit,
Pentru Persoana, cea mai scumpa si aleasa,
Dar vai, din vis, atunci el s-a trezit.

Era Craciunul, zi de mare bucurie,
Si a crezut ca visul lui se va-ntampla,
Isus din nou in satul nostru o sa vie,
Si azi in casa mea El va intra!

S-a pregatit intreaga dimineata,
Cu crengi de brazi si ornamente si lumini,
Pentru aceasta zi speciala si mareata,
Cum sade bine la crestini.

Intr-un tarziu mai inspre-amiaz'
Un cersetor batu in geamul inghetat,
Cu ghete rupte si cu fata-n riduri, trista de necaz,
Cu haine zdrentuite si murdare, imbracat.

Crestinul, il pofti in casa,
Ii darui o haina, niste cizme noi ce le-avea,
Mancara amandoi apoi la masa,
Iar la plecare fata cersetorului de bucurie… stralucea.

Crestinul, era si el, desigur bucuros,
Ca a putut s-ajute-un cersetor,
Dar el, il astepta, azi de Craciun, chiar pe Christos,
Iar orele treceau asa de iute-n zbor.

Se auzi-n curand un zgomot la intrare,
In prag, o batranica sedea-n doua indoita,
Plina de nea, cu-n sac de vreascuri in spinare,
Dorea sa-si odihneasca-o clipa fiinta istovita.

Crestinu-o aseza pe locul cu migala pregatit,
In capul mesei, unde scaunul de cinste era pus,
Si-au baut ceai, s-a incalzit si-au povestit,
Si-apoi batrana fericita-n treaba ei s-a dus.

Crestinul, inca pe Isus il astepta, cuprins de dor,
Dorind ca visul lui frumos sa fie implinit,
Cand… se-auzira strigate si vaiete, o fetita in pridvor,
plangea caci de parintii ei s-a ratacit.

Duios crestinul o lua atunci de mana,
Ii sterse lacrimile si o linisti,
Ducand-o la parinti facu din nou o fapta buna,
Iar seara-ncet peste catunul lor veni.

Se lasa noaptea inca-o data peste sat,
Crestinul, pe genunchi se roaga obosit,
Isuse, astazi eu te-am asteptat,
Si Tu la mine-n casa n-ai venit!

In linistea din noapte, Isus a raspuns,
De trei ori azi la tine Eu am poposit,
Infrigurat si obosit si ratacit la usa-ti am ajuns,
De fiecare data tu m-ai imbracat, si m-ai hranit si m-ai iubit!

Am fost fetita ratacita si femeia obosita, cersetorul inghetat,
Iar tu mi-ai aratat iubirea, dragostea, cadoul cel mai bun,
As vrea, sa stii crestine c-am fost foarte onorat,
Sa iti fiu Oaspete in ziua de Craciun!

inspirat de "The Story of The Christmas Guest" By Helen Steiner Rice

Osana Imparatului sublim!

Rasuna Osana din nou in cetate,
Si Te privesc cu bucurie noii trecatori,
Azi se renasc sperante si vise ce-s uitate,
Iar Tu umil, la fel, cu simplitate,
Starnesti aceiasi calzi si sfinti fiori.

Pluteste-n aer iz de sarbatoare,
Isus e astazi iarasi printre noi,
Prosternem vietile smerite la picioare,
Zambeste, stralucing batranul soare,
Osana! Rege Sfant-El Roi!

Finicii Iti astern ramuri.....carare.

Osana Imparatului sublim!
Petale pentru Rege! striga, floare dupa floare,
Biserica Iti canta Lauda, Slava, Adorare!
Grabind si asteptand Noul Ierusalim!

Pace, Iubire, Iertare

Pe-acorduri de lumina, un cor ceresc rasuna,
Sub licariri de stele, cuprinse de uimire,
Se-aude prin milenii si azi o Veste Buna,
Sa fie Pace-n lume si-n inimi doar Iubire!

In ritm de clopotei, pornesc colindatori,
Iar fulgii de zapada se-nchina pe carare
Rasuna-n noaptea rece un cant ce-ti da fiori,
Sa fie Pace-n lume si-n inima Iertare!

In pestera-nghetata, la margine de sat,
Pastori in umilinta se inchina-n sarbatoare,
Se naste-n omenire Eternul Imparat,
Primeste-L sa ai Pace, Iubire si Iertare!

Paradoxuri

Din departari din infinit, esti langa mine,
Si soapta Ta e-un strigat de putere,
Prin incercari si greutati mi-atat de bine,
Nuiaua Ta-i adesea pentru mine... mangaiere.

Am Pacea Ta, in viscol si furtuna,
Legat in lantul dragostei e-atata libertate,
Milioane de-ani lumina departare... totusi impreuna,
Si-n lutu-acesta pamantesc respir... eternitate.

Un zambet plange-ncet in intristari,
Si-o lacrima zambeste-n bucurii,
Din glasuri nerostite se aud chemari,
Un singur dor, in piepturi mii de mii.

Pietre scumpe, nestemate-s mucegai… gunoi,
Un colt de paine si-un pahar de apa… o comoara,
Belsug si fericire, in nevoi,
Sarac si trist iar multa bogatie… doar povara.

Secunda, clipa, uneori e-o vesnicie,
Iar anii ce s-au dus… un vis frumos,
Viata insasi, abur, zbor… vremelnicie,
Moartea… Viata Noua cu Hristos.

Atatea paradoxuri neintelese par,
Si tot ce stim e uneori mister,
Nu meritam nimic si totusi… Har,
Si… Iesle, Jertfa, Cruce, Inviere, Cer!

Pastile copilariei

Imi amintesc, copilaria mea, la sat
Clipe frumoase, ce mereu o sa iubesc,
Se-aude ciripitul pasarelelor, atat de minunat
Si parca vad cum pomii, rand pe rand, iar infloresc.

Fugite din soare, raze, imi mangaie duios a mea fereastra,
Prin panza vremii, vad cum fratii merg spre Adunare,
Cum se saluta, unul pe-altul bucurosi "Domn' te-alduiasca"
Si cum pe ulite se simte, iz curat de Sarbatoare.

Imi amintesc, copilaria mea, la sat
Si clopotele iarasi bat voioase-a-Inviere,
O clipa pare totu-aievea, neschimbat
Chiar vantul poarta melodii stravechi... in adiere.

Imi amintesc, copilaria mea, la sat
Sunt Pastile si toata lumea fericita canta,
Hristos a inviat! Hristos a inviat!
Sunt Pastile, e Sarbatoarea cea mai Sfanta!

Pe panza vremii

Grabite amintirile se-nghesuie-n prezent,
Iar visurile stau pe loc in miez de noapte,
Chiar infinitul e cuprins parca-n acest moment,
Cand pendula bate in surdina, ultimile soapte.

Pe panza vremii, un tablou a fost pictat,
Atat de diferit e pentru fiecare,
Pentru unii e alb-negru, gri sau foarte colorat,
Cu ploi si ceata sau... plin de lumina, cu mult soare.

Un ghiocel zambind la Primavara,
Fluturi dansand de bucurie-n zbor...
Luna trista si tacuta seara dupa seara,
Sperantele ascunse-n lacrimi care dor.

O floare-a vietii cu petale ce se frang,
Sau muguri insoriti pocnind in armonie
La capatul de drum, langa o piatra, ochi ce plang
In alta parte-un inceput, un gangurit, si veselie!

Cum o sa fie oare, maine-al meu tablou?
Cate culori?... sau voi avea un alt tablou in dar?
Vor fi nori negri si furtuna sau mult soare-n Anul Nou?
Orice-ar veni e numai Dragoste si Har!

Eu sunt doar panza veche pe acelasi sevalet,
Si nu pricep adesea multe, si mi-e greu...
Dar stiu ca al meu tablou va fi frumos... complet,
Caci Pictorul e insusi Dumnezeu!

Perspective de toamna

Deschid usa viselor, evadez din pustiul insetat de ploi,
Soarele arde pamantul amortit sub pasii mei greoi.

Deschid usa viselor, eliberat din lantul soarelui dogoritor,
S-a ofilit lumina de tristetea fluturilor gri in zbor.

Un abur de vant, imi umple pieptul cu miresme noi,
Copacii se despoaie, ... covor de frunze in noroi.

Pe-o ramura de cer abia zambeste-o stea, tarzie,
In curte, vechiul par, necajit din fructul lui ma-mbie.

Se cearta suparate tunete prin nori,
Si ploua monoton cu lacrimi reci de ghiata si fiori.

Vine Toamna! padurea framantata, plange, stie,
Ca-i timpul de tristete si de melancolie.
....
Deschid usa viselor si ma trezesc inconjurat de flori,
Soarele incalzeste pamantul sub pasii mei usori.

Deschid usa viselor liber sub soarele placut, mangaietor,
Lumina-i mai frumoasa de bucuria fluturilor colorati in zbor.

Un abur de vant imi umple pieptul cu miresme, dulci si noi,
Copacii cern cu aur covor de frunze moi.

Printre stelele lucind zambeste cerul, misterios,
In curte parul vechi ma-mbie pere coapte, bucuros.

Prin nori, chiar tunetele-n voiosie s-au unit in cant,
Si ploua binecuvantare, ... lacrimi calde pe pamant.

Vine Toamna! padurea fermecata imi sopteste, stie,

Ca-i timp de sarbatoare, belsug si bucurie.

Pe-un picior de plai

Pe-un picior de plai, pe-o gura de rai
Iata vin in cale, se cobor la vale
Cu turma de oi, visand vremuri "noi"
Langa Betleem, pastori ce se tem
De-al lor Dumnezeu, si-I slujesc mereu
Stau noaptea de paza, cand... cuprinsi de groaza
Langa ei apare, o lumina mare,
Un cor ingeresc, cantand le vestesc
Pace pe pamant, de la Cel Prea-Sfant,
Primiti azi solia, se naste Mesia
Pastorii mirati, cad inspaimantati
Plini de bucurie, cu-a lor marturie
Au pornit in graba, Pruncul ca sa-l vada
Sa se-nchine-au vrut, Regelui nascut
Un miel au adus, Mielului Isus
Un miel alb in dar, pentru Cel ce-I Har
Copilul Hristos, le-a zambit duios,
Cu drag i-a privit, din veci i-a iubit
La nasterea Sa, a cazut o Stea
Mii de ani lumina, si ea se inchina
Pe cer cititori, magi din departari
Vazand inchinarea, au pornit cautarea,
Iar Steaua i-a dus, pana la Isus
In casa-au intrat, si s-au inchinat,
Cu aur curat, pentru Imparat
Smirna si tamaie, pentru Preotie
Astazi Te chemam, cu dor Te-asteptam
Sa cobori la noi, ale Tale oi
Tu al nost' Pastor, sa ne iei pe nor
Pana ai sa vii, noi Te vom slavi
Si la ielea Ta, zilnic noi vom sta
Pe genunchi plecati, cu ai nostri frati
Toti in inchinare, Tie Rege Mare
Pe-un picior de plai, pe-o gura de rai...

Ploaie de vara

S-a pornit un vant usor,
Peste satul linistit
Si timid apare-un nor
Pe albastrul infinit.

Iar apoi la o strigare,
Multi "ortaci" se adunara
Ignorand maretul soare,
Bubuie ca-ntr-o fanfara!

Si… e noapte…. la amiaza
Artificii se pornesc
Stropi de ploaie 'ncet danseaza
Bucurosi se daruiesc,
Pamantului insetat
Ce-i cuprins de veselie
Cat de mult a asteptat?!
Un sarut de apa vie.

Ce imbratisare sfanta?!
Cati bulbuci de fericire?!
Cerul insusi parca canta
Ca la prima intalnire!

Se repeta acest cliseu
Cat va ramanea Pamantul
Sus pe cer un curcubeu
Ne-aminteste Legamantul!

Ploua spre oameni cu ingeri si flori

Cerul, si-a facut azi aripi din nori,
Si ploua spre oameni cu ingeri si flori,
Soarele s-a rosit, ca un copil stangaci,
Iar campul s-a umplut de flori de maci.

O raza, vrand sa fie mai cocheta,
S-a asociat discret cu-o margareta,
Caci ambele aveau acelasi gand,
Sa fie diademe pentru cei de pe pamant.

Se-mbraca pomii-n verde strai,
Usor suiera vantul, o balada pentru nai,
Se-aduna pasarile-n cant si ciripit,
E Primavara si sunt fericit!

Dansez cu stelele, seara de seara,
Mi-e gandul la Eterna Primavara,
Imi picura in suflet, lin, un strop de Rai,
Ah, cat e de frumoasa luna Mai!

Poetul toamnei

Ma scald, intr-un vartej de frunze ratacite,
Si ma afund, incet in valuri de arama,
Sperantele-mi intr-un ungher se-ascund chircite,
Prin nouri desi, azi, tesatura de lumina se destrama.

Ma las purtat de pasari, pribegind prin cârduri,
Si zbor spre orizonturi plumburii si prafuite,
Iar aripile-mi rupte imi atarna … falduri, falduri
Ingrijorarile imi curg in ganduri negre, ravasite.

Sunt inghitit, de un pustiu de lacrimi insetat,
Si razele credintei in intuneric se topesc incet,
Sunt singur, trist si parasit… infometat,
Al toamnei melancolic, deprimat… poet.
....

Dansez cu frunzele uniti in hora bucuriei,
Si ma inalt spre tarmuri de visare,
Sperante vii ard flacara aprins' a marturiei,
Si dezbracat de umbra ma indrept spre soare.

Purtat de pasari able spre 'naltimi necunoscute,
Murind cate putin inaintez spre Viata,
Cu aripile larg deschise... renascute,
Plutesc fara de grija spre Eterna Dimineata.

Pe strazi au inflorit iar ploi de fericire,
Si din credinta mi-am zidit un trainic parapet,
Se nasc in mine noi izvoare de iubire,
Azi sunt al toamnei cel mai fericit... poet.

Prezenta Ta

Cand apele-nspumate in rauri de-ncercare,
Imi tulburau credinta si ma tineau pe mal,
In boli, in suferinta si in furtuni pe mare,
Mi-ai coplesit fiinta, cu pace si-ndurare,
Erai prezent, acolo, in fiecare val.

Cand umbre reci si negre, prin vaile de plangeri,
Ma urmareau adesea, zi dupa zi, ceas dupa ceas,
Tu ai trimis indata sa imi slujeasca...ingeri,
Si am simtit in suflet Dumnezeiesti atingeri,
Erai prezent, acolo, la fiecare pas.

Cand munti cu piscuri 'nalte au fost in drumul meu,
Si imi soptea 'ndoiala; "Nicicand nu o sa-i treci!"
Cand eram trist si singur, impovorat de greu,
Tu imi zambeai in taina prin flori si curcubeu,
Erai prezent, acolo, cu mine pe poteci.

Cand ploi cu lacrimi multe obrazul mi-l uda,
Si navalea in viata-mi potop dupa potop,
Cand deznadejdea, frica-n suvoi ma inunda,
Tu imi dadeai putere, simteam Iubirea Ta,

Erai prezent, acolo, in fiecare strop.

Cand noaptea-n bezna crunta, ma urmarea iar vina,
Si cand cei dragi din juru-mi simteam ca ma tradeaza,
Cand spinii de pacate imi napadeau gradina,
M-ai imbracat in Haru-Ti, mi-ai aratat Lumina,
Erai prezent, acolo, in fiecare raza.

Tu esti la fel si astazi, Acelasi, Vesnic, Neschimbat,
Cuprins de doruri sfinte, ma-nchin si Te astept,
Se-apropie Sarbatoarea si clopotele bat,
E iarasi Dimineata, Hristos a inviat!
Tu esti prezent de-a-pururi, esti Viu la mine-n piept!

Primavara din vise

In visele mele,
Praful auriu al lunii,
Cerne note muzicale,
In visele mele,
Sunt fluturi colorati, covor pe cale.

In visele mele,
Firimituri de stele,
Coboara seara pe-a mea masa,
In visele mele,
E-o lume fericita si frumoasa.

In visele mele,
Ninge-n sus cu ghiocei,
Sarutand raze de soare,
In visele mele,
E zilnic mare sarbatoare.

In visele mele,
Fulgi de matase canta,
Clopotelele de-argint rasuna,
In visele mele,
E lumea mai curata si mai buna.

In visele mele,
O lacrima s-a transformat in roua,
Pe iarba inca nenascuta sub picioare,

In visele mele,
E-atata frumusete si splendoare.

In visele mele,
Pasarile zboara spre lumina,
Iar florile-au miros de bucurie,
In visele mele,
E liniste si pace, armonie.

In visele mele,
Flori de cires danseaza,
Si ingeri canta la vioara,
In visele mele,
E vesnic Primavara!

Primavara Neagra

Pe strazile pustii se plimba vantul,
Si fluiera usor o trista melodie,
Umplut de groaza plange azi pamantul,
Socat de-aceasta mare tragedie.

E-o primavara atat de neagra si de grea,
Pana si florile au uitat sa infloreasca,
Si parca nici o pasare sa cante nu mai nu vrea,
Iar iarba verde azi refuza sa mai creasca.

Se plimba moartea prin spitale,
Si cei sortiti se prind de mana ei,
E-atata suferinta, lacrimi, jale
Mai iarta-ne odata, Tata... daca vrei!

Copiii stau in casa, bucurosi ca nu e scoala,
Dar nu-nteleg de ce nu pot sa mearga la bunici?
Noi insa stim ce-nseamna sa ai "moartea-n oala"
Si asteptam "faina" Harului Tau Sfant, sa ne ridici.

Azi, milioane si milione de persoane,
Ridica iarasi ochii plansi spre cer,
Se-nalta cant si rugaciuni de la balcoane,
Sau dintr-o camaruta, din acelasi vechi ungher.

Sub masti, ne-ascundem zambetul de altadata,
Si-mbratisarile incet, incet sau stins,
Ne strange Tu, la pieptul Tau de Tata,

Acopera-ne-n Haru-Ti necuprins.

Mai lasa inca-o data sa apara curcubeul,
Primeste ruga noastra, pocainta
Indeparteaza groaznica furtuna si tot raul,
Esti Pacea noastra, intareste-ne credinta!

Zaresc prin frunze cum se naste o petala,
Prin pomii infloriti pasarile canta iar,
Copiii stau in casa, bucurosi ca nu e scoala,
Iar noi visand la cer, ne bucuram de Har!

Ne spui prin semne ca-o sa vii curand,
Veghind pe ziduri noi Te-asteptam,
Cuprinsi de dor, cu ceru-n piept si-n gand,
Pana atunci, in inimile noastre zilnic Te purtam.

Primavara

La fel ca-n alte dati, nerabdatoare,
Primavara a venit,
Se nasc la viata noua, iarasi, floare dupa floare,
Iar muguri de argint lucesc, vioi in soare,
Azi, liliacul a-nflorit.

La fel ca-n alte dati, biruitoare,

(Caci, Iarna azi e-nfranta)
Invaluita in parfum si in culoare,
Coboara plina de lumina pe carare,
Si-n lunci…. privighetoarea canta.

Cu iarba umeda-n picioare,
Intampina voioasa zorii,
Privirea ei mereu scanteietoare,
Aduce-un iz de bucurie, sarbatoare,
Azi, se intorc cocorii.

Impodobita-n flori de iasomie,
Ne face viata tuturor mai fericita,
Mieii zburda pe campie,
Rasuna, maiestos triluri de ciocarlie,
Azi, Primavara e cea mai iubita.

Primul ghiocel

De sub giulgiuri de zapada,
Din lanturile humei inghetate,
Discret, rasari in noua-ti escapada,
Spre razele de soare si spre libertate.

Deschizator de drumuri noi,
Din adancimile intunecoase,
Tasnesti ca si izvoarele suvoi,
Spre ceruri mai senine si frumoase.

Un sol, ce duce-o veste buna,
Cu glasu-ti cristalin de clopotel,
Ramai statornic in furtuna,
Simbolul Primaverii, primul ghiocel.

Prin frunzele de aur

E-asa frumos la tine-n suflet,
Cand pe aleile iubirii eu ma plimb,
Imi reinvie muza de poet,
Si straluceste mai puternic al meu nimb.

E-asa frumos la tine-n gand,
Caci ma pastrezi acolo neincetat,
Eu fericit, in dimineti tarzii, plangand,
Ma simt iubit si binecuvantat.

E-asa frumos la tine-n vis,
Pasim alaturi spre un alt taram,
Cu flori ce canta si lumini de nedescris,
As vrea pe totdeauna-acolo sa raman.

E-asa frumoasa viata langa tine,
Desculti, prin frunzele de aur alergam,
Iubirea este lantul ce ne leaga si ne tine,
In drum spre vesnicie, mana-n mana fericiti... cantam.

Pus deoparte

Cand singur, parasit, intr-un ungher,
Am pleoapele de lacrimi grele,
Privesc plin de speranta inspre cer,
Si mi se umple sufletul din nou de stele.

Cand insetat prin arsita, adesea ratacesc,
Cand imi suspina inima uscata, prin pustie,
Cumplita sete si amarul greu, mi-l potolesc,
In Tine; oaza de Iubire si de Apa Vie.

Cand plang in noapte plin de intristare,
Cand simt ca mi-e cu mult prea mare vina,
Ingenunchiat in ruga -Ti multumesc de-a Ta iertare,
Si vad, mai clar ca niciodata, stralucind Lumina.

Cand ma-mpresoara, uneori, fiori de moarte,
Si-mi geme firea prinsa in durere,
Imi amintesc, ca eu sunt pus deoparte,
M-ai castigat prin moarte si-nviere!

Rapsodie

Pasesc tacut, pierdut prin gandurile mele,
Iar vantul fluiera duios o trista melodie,
Ploua marunt cu praf curat de stele,
Se scrie-ncet, incet, o noua rapsodie.

Cad lacrimi de frunze pe-ntortocheatele alei,
De-atata plans toti pomii s-au uscat,
Ofteaza obosit batranul tei,
Iar ceru-n nori de plumb s-a imbracat.

Se-aseaza tacerea pe umbre pustiite,
Ma-mbratiseaza mii de ramuri reci,
Covor de flori si frunze ofilite,
Se-asterne peste visuri si poteci.

Se pierde-n zare puf de papadie,
In ceata deasa se ascund mistere,
Un stol de berze-n zbor, pe ceruri scrie;
Ramai cu bine... am plecat... la revedere!

Imbujorat pamantul tremura usor,
Cand bruma il saruta-n dimineti devreme,
Raspunde tandru si timid ca un fecior,
Parca, de ce urmeaza, chiar si el se teme.

Pasesc tacut, pierdut prin gandurile mele,
Pe negre cararui de grijuri pline,
O raza a tasnit din nori, printre zabrele,
Imi mangaie obrajii, si-mi sopteste, va fi bine!

Rau al suferintei

Rau al suferintei multe ai vazut,
Rau al suferintei prieten te-am avut,
Tu-mi cunosti tristetea, plansul din ungher,
Tu imi stii tot dorul dupa cer.

Rau al suferintei cat o sa ma porti?
Si cand voi ajunge la glorioase Porti?
Cand a mea durere se va termina?
Doamne asteptarea e-asa grea!

Rau al suferintei lacrimi ai purtat,
Rau al biruintei azi te-ai revarsat,
In Marea de sticla, la Tronul de sus,
Am ajuns in slava cu Isus!

Reflectia

M-am uitat in oglinda si… ce am vazut?
O doamna batrana, cu parul ca lana,
Cu cearcane, riduri… o forma de lut,
Ce foarte mirata-mi facea semn cu mana.

Cine esti "soro"? De ce ma privesti?
Erai adineauri semeata, frumoasa …divina,
Cu chipul de aur ca zana-n povesti,
Azi nu pot pricepe… de ce esti… ruina?

Reflectia 'mi raspunse cu glasul duios,
Ah, trupul acesta se trece, e drept,
Dar port Diamantul, Cadoul Pretios,
Chiar Viata Eterna, Comoara in piept!

Sa nu te-amageasca, aceasta ruina,
O haina (o vreme) ce-i fara valoare,
Priveste cu grija, priveste-n lumina,
Sub haina-nvechita e-atata splendoare!

Iar anii de grijuri, de boli si durere,
Ce ii avem cu totii de dus aicea jos,
Ne "lustruiesc" credinta ne-mbraca cu putere,
Si-om straluci de-a pururi alaturi de Christos!

Nu mai privi la riduri, la cearcane, la "tina",
Arata-ti frumusetea din suflet tuturor,
Esti "Piatra Pretioasa", vei straluci-n Lumina,
Cand libera de "haina" te vei 'nalta in zbor!

Revedere

Curand in Vesnicie ne-om revedea din nou,
Cu cei plecati 'nainte spre Marea Sarbatoare,
Atunci lacrima noastra si-al mortii trist tablou,
Se va schimba-n cantare, lumina si splendoare.

Cand trupu-acesta subred, bolnav si muritor,
Pasind pe strazi de aur, eliberat de "fire"
Va fi-n eternitate cu-al sau Mantuitor,
Inconjurat de ingeri si plin de stralucire,

Cand vom zbura prin stele spre Locul cel Promis,
Spre Pomul Vietii, Raul… cu apa-i cristalina,
Vom fi prin Haru-l Mare la porti de Paradis,
Schimbati intr-o clipita de Fata Lui senina.

Vom fi luati de mana, caci ne astepta-n prag
Si dezbracati de huma, … in haina de Mireasa,
Vom colinda Cetatea cu-al nostru Mire drag,
Cuprinsi de bucuria ca am ajuns Acasa.

Rosu si Alb

Rosu-firul de iubire,
Sa v-aduca tuturor,
Frumusete in traire,
In viata implinire,
In suflete multumire,
In familii fericire,
Impletind un martisor.

Alb-simbol de curatie,
Nelipsitul firisor,
Sa-ti aduca astazi tie
Multa, multa bucurie,
In hambare bogatie
Si cu "rosul" in fratie
In al tau piept... un martisor!

Ruga de Anul Nou

Multumesc Doamne ca-mi dai
Un An Nou in al meu trai
Da-mi putere sa-l traiesc
Voia Ta s-o implinesc
Zi de zi-n a mea umblare
Sa fiu binecuvantare
Umple-ma de-al Tau Duh Sfant
Sa fiu bun, curat si bland
Da-mi curaj si-a Ta Putere
Sa pot sa fiu mangaiere
Celor ce au rani ce dor
Sa le pot fi ajutor
Noul An ce-mi dai in dar
 Umple-l cu belsug si Har
Fa-l de bucurie plin
Asta eu Te rog, Amin!

Ruga de copil

Multumesc Doamne tacut
Pentru Anul ce-a trecut
Pentru multe bucurii
Si atatea jucarii,
Masinute si avioane
Ciocolata si bomboane
Pentru parinti minunati
Pentru surori, pentru frati
Iar in Anul Nou ce vine
Te rog ceva pentru mine
Da-mi iubire-n inimioara
Pentru mica mea surioara
Sa-i dau si ei jucarii

Doamne mi-e greu,Tu o stii,
Le rupe, baga-n gurita
Io-s baiat… ea e fetita…
Iar pentru fratiorul mic
Da-mi rabdare… doar un pic
Nu ma pot juca cu el
Caci e bebe, prichindel
Eu sunt mare sunt ficior
El e mic in carucior
De la sora mea mai mare
Am nevoie de-ndurare
Sa se joace si cu mine
Domne Tu stii ce e bine
De la fratii mari as vrea
Sa nu-mi faca viata grea
Stiu ca nu le e usor
Sa-si vada de treaba lor
Fa-i Doamne Te rog mai buni
Macar pentru vreo trei luni
Macar pana-n primavara
Cand ma pot juca pe-afara
Si Domne Te-as mai ruga
Tu cunosti dorinta mea
Da-mi Te rog Doamne-un catel
Sa ma pot juca cu el
Eu Te rog, Tu fa ce vrei
Insa da-mi-l pe Grivei!

Ruga multumirii

Vibreaza-n corzile viorii melodii de ingeri,
Si-o lacrima coboara tremuranda in apus,
Pe cararile celeste ratacesc atatea plangeri,
Dar ruga multumirii se inalta sus… mai sus.

Trompetele de-argint rasuna,
Cand, ea, la Poarta Vesniciei a descins,
Jos pe Pamant, azi, lumea e mai buna,
Credinta-n inimi iarasi s-a aprins.

Si-ajunsa-n fata Tronului de Har,
Se-nchina coplesita de Iubire,
Se-asterne ca o jertfa sfanta pe altar,
Si arde necurmat in nemurire.

Rugaciune

Ploua Doamne peste noi uitarea
Zilei triste, pline de durere
Sufla Doamne impreuna cu-ncercarea,
Susur bland, duios de mangaiere.

Creste Doamne amintirea-n noi
Zilei petrecuta-n fericire,
Fa sa curga necurmat suvoi,
Fluviul tau de Har si de Iubire.

Iarta Doamne inima ades...natanga,
Sufletul bolnav si inghetat
Pune-l Doamne langa foc, sa planga
Si topeste-l pana-l faci curat.

Resadeste Doamne dragostea dintai
Si stropeste-ne cu roua indurarii
Dimineata, Doamne langa noi ramai
Tine-ne de mana-n ceasul serii.

Umple-ne cu Duhul Tau cel Sfant
Picura in noi parfum de floare
Fa umblarea noastra pe pamant,
Cant curat doar Tie inchinare!

Ne dezleaga Doamne de-orice funii,
Si ne-ajuta sa cladim noi punti
Leaga-ne cu lanturile rugaciunii,
Impreuna, toti copiii Tai "Desculti"!

Noi, Biserica, Mireasa Ta
Iti cantam, plangand "As vrea sa zbor"
Vino! Vino, Mire drag, ne ia!

Te-asteptam, nerabdatori, cuprinsi de dor!

Sara pe deal nu mai e la fel

Sara pe deal nu mai e bucium sa sune cu jale,
Stele se-neaca in fum, iar stanele toate sunt goale,
Apele plang, tulburi parasite-n fantane,
Pana chiar si salcamul uitat-a de mine.

Luna pe cer s-a oprit buimacita,
Tu printre frunze te plimbi ratacita,
Stelele mor ingropate intr-un nor,
In pieptu-ti strain nu mai e loc pentru dor.

Norii navalnici au invins spre amiaza,
Case hidoase sub luna batrana danseaza,
Cumpana de la fantana e rupta demult,
Valea-i in ceata, fluiere nu mai ascult.

Azi, nu mai merge nimeni la coasa,
Buruiana-i pe camp, nimanui nu-i mai pasa,
Nu mai rasuna spre seara vreun clopot,
Sufletul meu nu mai arde in clocot.

Ah! satul in vale demult a amutit,
Ah! pasu-mi spre tine deloc nu-i grabit,
Salcamul! Ah! vechiul salcam, precis e taiat,
Si dragostea noastra aproape-am uitat.

Nu-mi amintesc... nici macar chipul tau,
Ochii tai reci se afunda incet intr-un hau,

Pe salcamul (ce-i masa) imi cade in noapte, capul greoi,
Ce s-a ales Doamne de noi? Ce s-a ales Doamne de noi?

Sarbatoare la Ciula-Mare!

Istoria scrisa de inaintasi,
E-o carte vie pentru fiecare,
Si-umili astazi pasim in a lor pasi,
Urmand credinta ce-au avut-o… mare.

Ne amintim cu drag de-un bun strajer
"Aparator", viteaz-neinfricat… dar tandru
Ce ne zambeste-acum de sus din cer
Bunicul nostru; Aron Alexandru!

Mergea la pas prin a Hategului vale
Prin viscol, arsita sau ploi, sa spuna,
Tuturor celor ce-i gasea pierduti pe cale,
De Dragoste, despre Isus si Vestea Buna!

Doar clisa, pita, ceapa-n traista lui
Era bogat, caci bogatia lui era cereasca,
Un pionier cu fratii-n slujba Domnului
Nimic si nimeni nu putea sa ii opreasca.

Ne-am adunat acum la sarbatoare
Si plini de bucurie suntem toti aici
La adunare-n sat, la Ciula-Mare,
Nepoti, copii, parinti, bunici!

Vrem Domnului sa-I multumim,
Si slava numai Lui sa-I dam,
De faptele facute-n Har cand ne- amintim,
Acelora pe care azi, cu drag ii onoram.

Vedem cum traiul lor curat,
Prin viata grea, de mana cu Isus,
A dus in timp un rod bogat,
Caci ei, in noi, samanta Dragostei au pus.

Ne-au invatat tot ce-i frumos,

Si sa umblam smeriti prin lume,
Copii Domnului Isus Christos,
Purtand cu drag acest Sfant Nume.

Ne-au invatat sa fim exemple pe carare,
Prin traiul lor, (de multe ori fara cuvinte)
Sa fim crestini de baza-n adunare,
Si sa privim mereu cu dragoste-nainte.

Ne-au invatat sa nu dam inapoi,
Sa raspandim mereu in jur iubire,
Si chiar in zile grele si-n nevoi,
Noi sa traim in multumire.

Ne-au invatat... dar sunt prea multe-acum de zis
Ne-au dat Scriptura si pe Dumnezeu
Ne-au pus in suflet dor de Paradis,
De-aceea le vom multumi mereu.

Au fost bunicii nostrii ce-au trecut
Parinti dragi, surori si frati
Au fost ai nostrii, ce-i mai scumpi ce i-am avut,
Sotii si soti, ce nicicand nu vor fi uitati!

Istoria scrisa de inaintasi,
E-o carte vie pentru fiecare,
Si mandri, inca, azi pasim in a lor pasi,
Pana cand impreuna, cu Isus, vom fi la Sarbatoare!

Se-apropie Imparatul

Si azi Te-asteptam, parca mai mult ca oricand,
Sa intri din nou pe porti in cetate,
Te-asteapta si geme intregul pamant,
Se nasc iar sperante si vise uitate.

Te cheama cu lacrimi intreaga planeta,
Si Tu esti prezent, printre noi cu-ndurare,
Istoria din nou, azi iar se repeta,
Avem zilnic nevoie de... Har si Salvare!

Cu ochii sperantei cautam si-azi un Rege,
Asternem pe cale rugaciuni si finici,

Cautam azi un Medic ce rana sa lege,
Doar Tu, bun Parinte, mai poti sa ridici.

In vechea gradina tresar azi maslinii,
E bezna pe uliti, se-nmulteste pacatul,
Cu sabia in mana in haina luminii,
Pe calul ca neaua se-apropie Imparatul.

Se lasa seara peste oras

Se lasa seara peste-oras,
Si licaresc lumini ca... stele.
Pe mal de lac, prin pomi un greieras,
Cri,cri,cri, prin gandurile mele.

Cu ochii 'nchisi vad raze strabatand neantul,
Spre tarmuri ne'ntelese de visare,
Ma contopesc o clipa cu "inaltul",
Zburand usor, spre-o noua, unica chemare.

E liniste, o clipa parca totul s-a oprit,
Chiar luna, cea batrana 'nmarmureste,
Murind, se stinge-n zare un... meteorit,
Si cate-un val ajuns la mal... se odihneste.

Pasesc, gandind la "maine", la Ziua ce-o sa vina,
Si asteptari imi curg in lacrimi nevarsate,
Duios adie vantul si doruri imi alina,
Imi mangaie obrazul, un snop de flori mirate.

Tac. Aud tacerea si ma dor timpane,
Cum am uitat s-ascult cum pasarile zboara?
Se-aude-un sunet, o sirena, tunet... uragane,
Gonesc pe "Lake Shore Drive" bolizi in ceas de seara....

Se-asterne lumina

Se-asterne lumina pe neaua curata,
Iar fulgii danseaza cuprinsi de mister,
O lume de basme, prea lezne uitata,
Ne-aduce aminte de Viata si Cer.

Giulgiurile iernii albe acopera pamantul,
Ingeri nevazuti transcend prin universuri,
Purtand pe aripi rugi, pastreaza legamantul.
Cadente ne 'ntelese s-au transformat in versuri.

Cu ochii deschisi, nu vedem stralucirea,
Si nu mai putem asculta o "tacere",
Inchidem, in inima rece, iubirea,
In goana nebuna spre false himere.

Se risipeste-n zare topindu-se apusul,
De parc' ar vrea sa spuna; va iubesc!
Dar cine sa-i auda in taina sfanta glasul?
Cand nimeni nu se-opreste, cu totii se grabesc!

Prin ramuri uscate, incet sulfa vantul,
Si "plange" o doina de jale si dor,
Dar cine sa-i asculte durerea si cantul?
Cand azi, toata lumea alearga de zor!

Se-asterne lumina pe neaua curata,
Iar fulgii danseaza cuprinsi de mister,
O lume de basme, prea lezne uitata,
Ne-aduce aminte de Viata si Cer.

Septembrie 11

Zbura pe ceru-albastru, liber spre vazduh, un porumbel,

In ziua aceea de septembrie... dimineata,
Luceau uriasii cei de sticla, marmura si-otel
Sub razele de soare ce le mangaiau cu grija fata.

Stateau, parca de straja, in orasul agitat,
Necunoscandu-si tragicul destin,
Cand flacarile fanatismului plin de pacat,
Au dus cu ele moarte, chin durere si pelin.

Prin fumul negru, atatea suflete nevinovate atunci s-au stins,
Azi inca plangem frati, surori, parinti, copii,
Dar monstrul negru niciodata n-a invins,
Speranta, Libertatea, Dragostea, Credinta... vesnic vor trai!

Din inimile triste lacrimi inca curg,
Si an de an ne amintim de ei si... doare,
Ne apropiem smeriti cu piosenie in amurg,
Si pe mormantul lor, cu drag punem o floare.

Si totusi... prin Har

S-a uscat pomul de faptele mele bune ne-facute,
Si totusi ai cules flori albe de pe crengile date cu var,
Flori albe ce au rasarit in rana palmei Tale,
Florile Dragostei udate cu Har.

S-a stins focul de-atatea flacari ne-aprinse,
Si totusi arde parca mai viu ca niciodata pe altar,
Il pastrezi, arzand, prin bratele Tale pe cruce intinse,
Focul Iubirii nestinse prin Har.

S-a uscat izvorul de-atatea zile fara sete,
Si totusi inca curge Apa Vietii prin sangele de la Calvar,
Izvor nesecat de fericire,
Izvorul mantuirii prin Har.

S-a pierdut lumina de-atatea ne-traite dimineti,

Si totusi straluceste de-a pururi mai tare, mai clar
A biruit in noapte atunci... in Dimineata Invierii,
Lumina e vie in mine prin Har.

Simbol

La piept as vrea sa-l porti cu bucurie,
Umilul martisor ce-ti daruiesc,
Mai mult decat penita mea-ar putea sa scrie,
Sa-ti fie langa inima o noua marturie,
Simbol a faptului ca vesnic te iubesc.

Un ghiocel si firul de iubire impletit,
Din piept, duios sa iti sopteasca la ureche,
Ca-ti sunt alaturi... cel mai fericit,
Si ca te port in inima-mi, spre asfintit,
Sotia mea, perfecta mea pereche.

Soapta unei raze

Azi, dis de dimineata,
O raza se-odihnea
Timida pe-a mea fata,
Duios, ma mangaia.

Si lin imi spuse-n soapta;
Am un mesaj de sus,
In ziua ce te-asteapta
Traieste cu Isus!

Fii raza, ca si mine
Sa raspandesti lumina,

In jur, tu fa doar bine,
In ziua ce-o sa vina.

Sa mangai cu caldura,
Obrazul necajit
Chiar si cel plin de ura,
Sa simta ca-i iubit.

In inimi pune …soare,
Tristetea o alunga,
In suflete cantare,
Cand ziua-i grea si lunga.

Danseaza-n stropi de roua
Fii raza lucitoare
Si-n Dimineaţa Noua,
O sa te-ntorci in Soare!

Soapte de iubire

Cand zorii se inalta spre-o noua dimineata,
Prin stropii de lumina, Tu imi zambesti din soare,
Si simt cum Mana-Ti Sfanta, duios, pe a mea fata,
Prin vantul ce adie, 'mi-aduce alinare.

Pe straluciri de ape zaresc Divinu-Ti chip,
Impodobesti adancul, coral langa coral,
Esti langa mine-aproape, in bobul de nisip,
Si simt a Ta prezenta in fiecare val.

Ti-ai inmuiat condeiul in tot ce ma-nconjoara,
Si ai tesut din veacuri, si nori, si curcubeu,
Si cant de pasari albe, in prag de primavara,
Si astrele grandioase lucind la apogeu.

Iar cand se lasa seara Te vad in asfintit,
M-astepti sub clar de luna in fiecare noapte,
Si stelele-s geloase de cat sunt de iubit,
Ma-ngropi in fericire cu ale Tale soapte.

Speranta e Credința

Daca inima ți-e franta și visul nu ți-se-mplineşte
De aripile-s rupte și sufletul….nu poate sa mai zboare,
Speranta e scanteia, ce arde-ncet… mocneste…
Speranţa e scanteia ce niciodat' nu moare!

Daca noaptea-i foarte lunga și-i bezna pe carare
Tu lacrimile-alunga, iti şterge-n graba faţa,
Speranta-i prima raza din neschimbatul Soare,
Ce ne şopteste-n taina ca vine Dimineata!

Cand barca vieţii tale e in deriva, cand te ineaca valul,
Cand e furtuna-n tine și cand te copleşeşte "greul"
Speranta e un far in noapte ce iti arata malul,
Speranţa-mpraştie norii și-apare curcubeul!

Cand prin valea "umbrei mortii" frica-ţi da tarcoale
Și cand eşti firav, slab și plin de neputinta
Spre munti te poarta Domnul, pe aripile Sale
Speranta e mai mult! Speranta e Credinţa!

Spicul rebel

Un spic de grau rebel, se hotara 'ntr-o zi
Sa se desprinda din al Dragostei manunchi,
Si dezlegand funia Iubirii, spicelor-frati le rosti;
Ma simt prea strans, n-am libertate, cu voi impreuna pe genunchi!

De cate-un vant strain prin lanuri mai adie,
Voi, mult prea strans va tineti de Cuvant,
Voi nu cunoasteti nici o alta melodie,
De parca n-ati trai cu totii pe pamant.

Cand peste-un frate vine incercarea, si e greu,
Cand e purtat incoace si incolo,

De ce durerea sa o simt si eu?
De azi 'nainte, eu vreau sa fiu… "solo"!

Si cine zice ca nu pot sa fiu curat?
Sau ca de-s singur viata-i mult mai grea,
Sa stau cu fratii-n snop, m-am saturat,
E simplu, fac ce vreau… aceasta e…. decizia mea!

S-a rupt din snop si dus a fost,
La margine de lanuri, printre spini
Si a trait o viata seaca, fara rost,
Departe de-alte spice, cu straini.

Dar mai tarziu venit-au ploi, furtuni si intristare,
Pacate, boli, durere si amaraciune,
Iar bietul spic n-avea odihna, pace, alinare,
Nu mai erau spice, langa el, in snop la rugaciune.

A plans cu lacrimi sincere de pocainta, pe genunchi,
Si a cerut iertare si din Harul vechi… macar un strop,
Te rog, primeste-ma din nou in sfantul Tau manunchi,
Ma leaga Tata, iar cu fratii mei in snop.

Caci nu-i in lume o mai mare bucurie,
Decat sa cresti cu fratii-n Tarina Divina,
Si sa fii liber, strans unit in partasie,
Zilnic udat cu stropi de Har si de Lumina.

S-a apropiat de el Stapanul iar cu duiosie,
Si cu-o iubire ce nicicand n-a inteles,
L-a ridicat din nou ca prima dat' din glie,
L-a strans la piept, l-a pus in snop si iarasi l-a ales.

Steluta mea

S-a rupt o stea din ceruri si-mi canta la fereastra,
O "craciunita" rosie, timid'asculta-n glastra,
Colindul stelei mele unita-n cor angelic,
Vitralii inghetate lucesc acum feeric.

Se naste azi Mesia, ti-aduc o Veste Buna,
Ecoul cel de veacuri, la fel, duios rasuna,
Se umple de Lumina, odaia mea umila,
E loc la tine-n casa si pentru El, copila?

Danseaza-n noapte fulgii, bat clopoti de clestar,
Steluta imi sopteste melodios de-afar'
Se naste Salvatorul in lumea cea ostila,
E loc la tine-n casa si pentru El, copila?

Se scutura Cerul si cad troiene de Iubire
Se naste Pruncul-Rege acum in omenire,
Zambeste bucuroasa steluta mea gentila,
E loc la tine-n casa si pentru El, copila?

Adorm in patul moale, sub leganari de nea,
Cu gandul la colinde si la… steluta mea
Dar dis-de-dimineata aievea ma trezesc,
Isus e langa mine imi spune; Te iubesc!

Strop dupa strop

Mai toarna Parinte un strop de Credinta

In inima-mi plina de grijuri, cand plange
Adu-mi iarasi pacea si da-mi biruinta
Iar trupul meu slab 'n Adevar mi-l incinge.

Mai toarna Parinte un strop de Nadejde
Prin groaza din noapte sa vad iar Lumina
In bratele Tale cu drag ma cuprinde
Si tine-ma acolo… in Dragostea Ta.

Mai toarna Parinte un strop de Iubire
Mai leaga-ma odata cu Haru-Ti in snop
Si fa-mi viata asta o sfanta traire
Spre slava eterna… strop dupa strop.

Sunet de trompeta

Iubirea Ta-i adanc in inima-mi sapata
Ca o pecete vie, un vesnic legamant
Tu-mi mangai sufletul cu mana Ta de Tata
Ma tii in brate-n drumul meu de pe pamant.

Prin vai de intristare, negre si adanci,
Ma porti… si plangi alaturi pas cu pas,
Esti langa mine-apoi pe munte, sus pe stanci
Si imi soptesti: Rabdare, doar putin a mai ramas.

In pieptul slab imi clocoteste vesnicia,
Si chiar de-i toamna-n trupu-mi efemer
Eu nu imi pot ascunde bucuria,
Caci ochii mei au doruri dupa Noul Cer.

In miez de noapte tot mai des aud… in departare
Un fosnet, o melodie noua si discreta,
Rasuna, parca un sofar duios… ca o chemare
Sau poate, poate…e un sunet de trompeta!

Tasnesc din piepturi doruri sfinte

Culori si frunze stralucesc in soare
Si ploua, cu stropi calzi de fericire,
Cu inima-mbracata in cantare,
Ne pregatim de Marea Sarbatoare,
Tasnesc din piepturi doruri dupa Mire!

Covor de aur se asterne pe pamant
Si stelele in noapte ne zambesc de sus,
In jur e numai bucurie, cant
Iar Cerul e-n priviri si-n gand,
Tasnesc din piepturi doruri de Isus!

Toamna ruginie a sosit din nou,
Din an in an, tot mai frumoasa,
Un susur bland rasuna in ecou,
Impodobind acest unic tablou,
Tasnesc din piepturi doruri de Acasa!

Atata Har nemeritat aicea jos,
Iubirea-I fara margini e-un mister,
Atata dragoste ne da Hristos,
Preludiul e atat de glorios,
Tasnesc din piepturi doruri sfinte dupa Cer!

Te asteptam din nou sa vii!

Gemeau maslinii in gradina tulburata,
Iar stropii mari de sange iubire revarsau,
"Voi face-ntotdeauna doar voia Ta, drag Tata!"
Se cobora al mortii val pe fata-I intristata,
In slavile celeste toti ingerii plangeau.
....
Pe dealul sortit sa priveasca Calvarul,
Urca incet cu pieptu-nsangerat, Isus
Era 'ntristat si parca nu-si putea ascunde amarul,
Dar linistit... stia ca-n sangele-I varsat va curge Harul,
Si ca-mplineste voia Tatalui de sus.

Pe crucea ce uneste cerul cu pamantul,
Isus dadea intregii lumi o-mbratisare,

Murea, Acel ce-A Fost de la-nceput... Cuvantul,
In dragoste ne pregatea vesmantul
Alb si curat al Vietii viitoare.

Pe dealul trist al Capatanii mijeau zorii,
Ingrijorata spre mormant Maria a plecat,
Incet se risipisera pe ceruri norii
S-a pravalit deoparte piatra inchisorii,
Christos e viu! Christos a inviat!

Mormantu-i gol si giulgiul neatins,
Unde e Domnul? Ah, dar cine L-a luat?
Atatea ganduri dintr-odata m-au cuprins,
Maria! O voce calda, un fior, si-o mana m-a atins...
Rabuni! Esti aici, Esti viu, ai inviat!

Ma duc in cer la Tatal, sa va pregatesc un loc!
Si... s-a umplut gradina de fluturi argintii,
Atata bucurie de simt ca ma sufoc,
In inima-mi zdrobita se naste un nou foc...
Rabuni! zicem astazi la fel ca si Maria si...
Te asteptam din nou sa vii!

Te naste inca-o data in inimi cu Iubire!

In Israel e noapte si stelele se frang,
Pastori vorbesc in soapte, iar fluierele plang,
Cuprinsi parca de teama, sunt napaditi de dor,
Sperante se destrama si visele se mor.

Se-asteapta izbavirea intregului popor,
Caci geme toata firea dupa un Salvator,
Pierduta-i in genunii o lume de pacat...
Dar azi... Lumina Lumii, Mesia s-a 'ntrupat.

Pe cer e stralucire caci stele-au inviat,
Ingerii canta Marire! Se naste-un Imparat!
Pe bolta azurie astrele-si 'nalta cantul,
Atata bucurie, n-a mai vazut Pamantul.

Milenii au trecut si iar e noapte-n lume,
Atatia nu Te-au vrut, nu Te cunosc pe Nume,
Nu merg pe a Ta Cale, nu recunosc Calvarul,
Nu-Ti canta Osanale si n-au gustat ce-i Harul.

Azi lumea Ti-e ostila, Craciunul transformat,
Putini Ti se inchina si Pruncul… e uitat,
Ai mila inca Tata de cei in razvratire,
Te naste inca-o data in inimi cu Iubire!

Te-ai coborat

Din Slava mareata, din Gloria Divina,
Spre dealul durerii, spre cuie si cruce,
Prin grajdul cu vite si ieslea umila,
Iubirea, in taina, sa moara se duce.

Din brate de Tata, din Cerul de sus,
Spre bice si spini spre… Calvar,
Coboara in lumea murdara, Copilul Isus,
S-aduca Iertarea si Viata in dar.

Din Tara Luminii spre negrul Pamant,
Spre Ghetimani, spre Golgota, spre moarte
In scutece, in paie, Copilul Preasfant,
Duios ne zambeste si Pace imparte.

Din stralucirea de clestar, din Vesnicul Palat,
Spre osanda, spre durere si nevoi,
In Betleem, in noaptea rece, la o margine de sat,
Tu Te-ai nascut sa fii de-a pururea cu noi.
....
Fulgii de zapada cad din slavi dansand usor,
Si simt cum ma inunda iarasi bucuria,
Pornesc colindul, prea-marind pe Pruncusor,
Astazi s-a nascut in lume, pentru noi, Mesia!

Te-am castigat prin moarte si-nviere!

Cu fruntea-nsangerata,
de spinii din coroana faptelor mele,
soptesti duios; "te rog iarta-l Tata"
"Il vreau cu Mine-n slava printre stele!"

Cu pieptul sfasiat,
de ura mea, de traiul meu cu mucegai,
soptesti duios; "te-am iertat"
"Curand vei fi cu Mine-n Rai!"

Cu mainile strapunse,
de cuiul si pacatul meu murdar,
intinzi pe cruce bratele-Ti cu drag deschise,
"Tu azi esti imbracat in Har!"

Cu trupul istovit,
si sufletul cuprins de-o grea durere,
soptesti duios; "Eu vesnic te-am iubit"
"Te-am castigat prin moarte si-nviere!"

Te-am vazut azi dimineata

Te-am vazut azi dimineata in rasaritul de soare,
Printre raze, in taina, duios mi-ai soptit;
Intreaga creatie.... aceasta splendoare,

E doar pentru tine, tu esti Fiu iubit!

Te-am vazut azi dimineata in val dupa val,
Te-am simtit in briza ce obrazu-mi mangaia,
Straluceai in nisipul alb-de cristal,
Si in cerul albastru am vazut fataTa.

Te-am auzit toata ziua in triluri de pasari maiestre,
Si Ti-am simtit parfumul in flori minunate,
Ai deschis pentru mine spre ceruri ferestre,
Prin care curgea spre pamant bunatate.

Te-am vazut seara, tarziu, in apus,
In luna si-n stele pe bolta senina,
Te-am vazut azi in toate, al meu scump Isus,
Priveai inspre mine, cu drag, din Lumina!

Te-asteapta Tata-n poarta c-un sarut

De esti si tu un fiu pierdut in lumea lata
Si-ai risipit tot ce-a fost bun, cladit in tine
De fata mamei tale de durere si de lacrimi e brazdata
Si-n rugi fierbinti se lupta pentru tine undeva un tata
Vino-ti in fire si...arunca haina ta patata
Te-ntoarce Acasa unde-i asa bine!

De esti si tu un fiu pierdut, fara valoare
Si esti cuprins de teama si rusine
Esti "liber" dar... esti rob in inchisoare
Esti tanar, sanatos dar plin de "cancer" si "tumoare"
Arunca zdrentele acestei lumi murdare,
Te-ntoarce Acasa unde-i asa bine!

De crezi ca totu-i in zadar, totu-i pierdut
Si te-nconjoara ganduri negre si haine,
-Mai bine mort! -Mai bine nu m-as fi nascut!

Iti spun cu dragostea de frate ce-a crezut
Te-asteaptă Tata-n poarta c-un sarut,
Te-ntoarce Acasa unde-i asa bine!

Ti-am daruit

Am vrut sa-ti daruiesc lanul cu maci,
Sau stele de pe bolta cea albastra,
Dar plin de dragoste, timid, stangaci,
Ti-am daruit in schimb un trandafir in glastra.

Am vrut sa-ti daruiesc pietre nestemate,
Perle pretioase din adanc de mari,
Dar plin de dragoste, timid pe inserate,
Ti-am daruit in schimb doar calde sarutari.

Am vrut sa-ti daruiesc copacii si padurea,
Si aripi sa te 'nalti spre cerul minunat,
Dar plin de dragoste cand ne plimbam pe strazi… aiurea
Te-am luat in schimb de mana si nu te-am mai lasat.

Am vrut sa-ti daruiesc ape, izvoare,
Dealuri si munti si… curcubeie,
Dar plin de dragoste-ntr-o zi de Sarbatoare,
Ti-am daruit al inimii mele zavor si… cheie.

Ti-am simtit prezenta

Ti-am simtit prezenta,
Cand pe cai intunecate eu am ratacit,
Am vazut in noaptea neagra stralucind Lumina,
Si am auzit duios o soapta; Tu esti Fiul Meu iubit!

Ti-am simtit prezenta,
Cand in valurile inspumate incet ma afundam,
Tu umbland pe ape m-ai purtat in Mana-Ti,
Si in siguranta m-ai dus la liman.

Ti-am simtit prezenta,
Cand prin valea de durere singur eu plangeam,
Tu ai fost acolo, m-ai luat in brate,
Lacrima mi-ai sters-o si-ai turnat balsam.

Ti-am simtit prezenta,
Cand de-atatea ori, Ah Doamne!... am strigat,
Ai raspuns indata plin de bucurie,
Nicicand, Tu Parinte, n-ai intarziat.

Ti-am simtit prezenta,
Cand am fost pe munte, pe 'naltimi de vis,
Ai pasit 'naintea-mi inspre biruinte,
Mi-ai croit o cale, asa cum ai promis.

Ti-am simtit prezenta,
Si o simt in viata mea, mereu, clipa de clipa,
Ti-ai dat Viata din iubire, si-ai murit pe cruce,
Si de-atunci Tu zilnic, pentru mine, de iubire…. faci risipa.

Marius Alexandru, 07/15/2019

Tinerete

Ai disparut, ascunsa-n amintiri,
Incet, treptat, tacuta m-ai schimbat,
Dar mi-ai lasat aceeasi dragoste-n priviri,
Acelasi zambet cald si minunat.

De ce-ai plecat? M-ai parasit? Ah, tinerete!
Ai disparut in clipe ce mereu se scurg,
Dar mi-ai lasat ca dar, din tine-o frumusete
in suflet, ce o port cu mine spre amurg.

Mi-e pasul mai domol, privirea grea,
Si parca obosit mi-e insusi gandul,
Dar sufletu-mi usor… un fulg de nea,

Se 'nalta pe carari de vis… ca vantul.

Pe chipul meu sunt brazde de durere,
Si-atatea lupte-ascunde paru-mi nins,
Dar inima mi-e plina de putere,
Si-o soapta-mi spune zilnic; Ai invins!

Ai disparut, o umbra stearsa in trecut,
Petalele incep sa cada, rand pe rand din trandafiri,
Dar sunt atat de fericita caci o clipa te-am avut,
Si mi-ai lasat aceeasi dragoste-n priviri.

Toamna

Se risipeste-n vanturi lumina ruginie,
S-au imbracat in aur si dealuri si campii,
Iar frunzele danseaza duios pe-o melodie,
Care rasuna-n pace peste livezi si vii.

Din teascul plin cu struguri, parfumul ma imbata,
Si ma inalta-n zboruri spre tarmuri de visari,
Intreaga mea fiinta de Dragoste-i patata,
Tasnesc din pieptu-n flacari, poeme si cantari!

Au inflorit in inimi, noi ploi de fericire,
De parca-n toamna vietii e primavara iar,
Iar crengile uscate… udate de Iubire,
Surad discret la soare invesmantate-n Har.

Cu picaturi de stele s-a murdarit pamantul,
Covorul viu al toamnei s-a asternut din nou,
Ma plimb spre vesnicie, incet la brat cu vantul,
Aud, nu prea departe, trompeta in ecou.

O lacrima, coboara din geana unui nor,
Un strop de stralucire spre valea de supine,

Imi unge-n taina capul si naste-n mine-un dor,
Un dor de strazi de aur, de pomi rodind intr-una, de rauri cristaline...

Toma

Se lasa seara usor peste cetate,
Si in gradina-ntunecata sufletul pustiu imi plange,
Cu visele distruse si sperante spulberate,
Imi amintesc de spini de bici, batjocuri indurate
Vad crucea, ciocanul si cuie....vad trupul plin de sange.

Femeile vorbesc ca-i gol mormantul....
Si cum ca ingerii le-au spus c-ai inviat,
Doi frati, cu care-ai fost inspre Emaus pe tot drumul
Se necajesc ca nu te-a cunoscut niciunul,
Pana cand paine-ai frant ca altadat'.

Iar ucenicii spun, c-ai fost (Viu) la ei... aseara,
Cand eu, la fel, plangeam aici de al Tau dor.
Nu inteleg, credinta mi-e farame si inima-mi tresara,
Ca si atunci cand m-ai ales sa fiu al Tau, intaia oara,
Esti viu? Nu pot sa cred, te rog Isuse vino-n ajutor!

Seara de seara in gradina plang,
Oh, cat as vrea sa te mai vad macar odat'!
Atatea indoieli si temeri peste mine se rasfrang,
Oh, cat as vrea sa ma inchin, la pieptu-mi sa Te strang,
Oh, cat as vrea sa fii aievea, sa fii viu cu-adevarat!

Sa-Ti simt in palme si picioare rana grea,
Si sa Te vad si eu, cu ochii mei inlacrimati,
Sa-Ti pun apoi in coasta, insasi mana mea,
Oh, Doamne Tata, cat de mult as vrea,
Sa fiu si eu la masa, parte cu-ai mei frati.

Se lasa seara usor peste cetate,
Si Tu ma chemi pe nume; Tomo vino, sunt chiar Eu!
Se face lumina, credinta invie visuri 'naripate,
Plangand, iti ud cu lacrimi, ranile adanc sapate,
Ah, Domnul meu si Dumnezeul meu!

Se lasa seara usor peste cetate,
Si dupa mii de ani Isus esti viu, acelasi, printre noi mereu,
Gata sa cureti iarasi lumea de pacate,
Sa schimbi vieti, sa mangai inimi tulburate
Tu Domnul meu si Dumnezeul meu!

Tradare

Acum, iti scriu ultima poezie,
Si trist… dar hotarat, eu nu te mai astept,
Doar azi, inca-ti mai cant cu dor o melodie,
Bataile iubirii abia se mai aud la mine-n piept.

De maine, sa rasari pe cerul altui soare,
Si-n alta inima s-aprinzi noian de stele,
Sa fii pentru un altul vers si muza si cantare,
Speranta, bucurie, vant in vele.

Chiar daca-n mine focul dragostei tot arde,
Si tot mocneste-ncet iubirea dintre noi,
Nu ma mai las tradat de bratele-ti duioase calde,
De promisiunea ca o sa vii curand 'napoi.

Chiar daca simt in aer tot mai mult parfumul tau,
Nu vreau sa te astept sub clar de luna seara dupa seara,
Esti minunata si frumoasa, dar imi faci atat de rau,
Jucandu-te cu-a mea iubire, tarzie, cruda… Primavara!

Trei raze

O raza razleata s-a desprins din rasarit,
Pe-o frunza de aur, a vrut sa se-odihneasca,
Dar pe-nserate, in amurg, amandoua au murit,
Caci toamna incepuse sa soseasca.

O alta jucausa si vioaie,

A vrut sa mangaie din nou pamantul,
S-a inghesuit umila intr-un strop de ploaie,
Si-acolo si-a gasit pe veci mormantul.

A treia s-a ascuns in nori,
Ne 'ntelegand c-a fost creata sa slujeasca,
-Nicicand ea nu vazuse flori-
Si in tristete, singura, continua sa traiasca.

Tricolorul

Pastrez in inima mea trei culori adanc sapate,
Albastrul- cerul cel senin, frumusete si credinta,
E… aerul, speranta, viitorul…. visele curate,
Blandetea sufletului, e noblete si… vointa.

Pastrez in inima mea trei culori adanc sapate,
Galben- e forta, bogatie, vara plina de lumina,
Sunt holdele de grau, in aur toate imbracate,
E binecuvantarea Lui, peste noi Mana-I Divina.

Pastrez in inima mea trei culori adanc sapate,
Rosu- e rasarit de soare stralucind in dimineata,
E sange sfant, Jertfa varsata pentru libertate,
E maretie, e curaj, e Legamant si Dragoste de viata.

Pastrez in inima mea trei culori adanc sapate,
Ce flutura si se inalta ca un simbol sfant,
Simbol pe care-l port in pieptul meu cu demnitate,
Si-l voi purta cu drag pan' la mormant.

Pastrez in inima mea trei culori adanc sapate,
Si orice-ar fi, in sufletul meu eu la fel o sa raman,
Cu fratii mei de-acelasi neam in unitate,
La orice pas, prin lumea larga, mandru ca-s roman!

Tu nu uita

Cand clocoteste marea-n spume,

Cand barca vietii e aproape franta,
Tu nu uita ca navighezi sub un Sfant Nume,
Plin de speranta, urca pe catarg si canta!

Cand bezna noptii te-mpresoara,
Cand totul parca pare in zadar,
Tu nu uita ca te asteapta o comoara,
Priveste! nu departe, sus pe Stanca, e un Far!

Cand vanturi de-ndoiala te lovesc,
Si norii negri iti umbresc privirea,
Tu nu uita ca Eu, nicicand nu obosesc,
sa te iubesc de-a pururi caci… Eu Sunt… Iubirea!

Uitam sa traim

Dorim…
Doar putin,
Si inca putin,
Si nu ne oprim…
Fugim…
pe pamant,
Cu mare avant,
O goana in vant,
Cu toti spre mormant.
S-ascultam,
Sa-nvatam,
Sa iertam… uitam.
Uitam…
Sa pictam,
Sa cantam,
Sa visam… uitam.
Sa zambim,
Sa iubim,
Sa traim… nu mai stim.

Un Nou Rasarit

Ca firul de abur suntem pe pamant,

Un strop in oceane, o frunza in vant,
O umbra timida ce iute se trece,
Pe-a vietii poteca spre lespedea rece.

Un fulg ratacit in padurea argintie,
Un bob de nisip in imensa pustie,
O lacrima, o soapta, un zambet si-apoi...
Ne-ntoarcem in glie saraci, tristi si goi.

Dar ce va ramane cand noi vom pleca?
Si trecerea noastra ma-ntreb va conta?
Lasa-vom in urma o dara-n Lumina,
O jertfa-a Iubirii, mireasma Divina?

Lasa-vom cu grija urmasilor in dar,
Tamaia 'nchinarii arzand pe altar?
Lasa-vom credinta in inima lor?
Frumusetea iertarii si-al cerului dor?

M-ajuta Parinte, fa-mi traiul atent,
Dragostea sfanta sa las testament,
Sa vada tot omul ce sta langa mine,
Ca viata-i frumoasa traita cu Tine.

Iar cad fumul negru se pierde-n amurg,
Cand clipe din urma-n clepsidra se scurg,
Cand a mea umblare va fi la sfarsit,
Ma naste-n Lumina, Un Nou Rasarit!

Un timp, un drum, un loc si-o implinire

O stea speciala s-a desprins din cer,
Si zboar' alene spre pamant cu capu-n jos,
Pulseaza-n pieptul ei inflacarat, tainic mister,
Croindu-si printre astre drumul luminos.

A fost aleasa sa arate-un timp,
Un drum, un loc si-o implinire,
Pastori sa lumineze noaptea-n camp,
Pe invatatii vremii sa-i cuprinda de uimire.

Plutind prin galaxi i se vedea pe fata multumirea,
Cu fiecare clipa ce trecea lucea mai tare,
Ea va fi-un semn cand se va naste pe pamant…Iubirea!
Va straluci cand se va-aduce tuturor… Salvare!
………………………………………………..
Cata onoare si ce Har nemeritat,
Prin viata ta s-arati in jur Cararea,
Ce bucurie sa traiesti mereu curat,
Sa intelegi, sa-ti implinesti cu drag chemarea.

Noaptea magica de Sanziene

"Unii spun ca in noaptea aceasta, exact la miezul noptii, se deschid cerurile. Nu prea inteleg cum s-ar putea deschide, dar asa se spune: ca in noaptea de Sanziene se deschid cerurile. Dar probabil ca se deschid numai pentru cei care stiu cum sa le priveasca." – Mircea Eliade

Nu stiu daca in aceasta noapte "magica" se deschid cerurile si se prind la hora zane bune, coborate la noi sa dea florilor parfum, holdelor bogatie, sa aduca fertilitate si sa dea putere de vindecare plantelor…
dar stiu ca pentru noi s-au deschis odata pentru totdeauna si raman deschise la orice rugaciune inaltata cu credinta in zori, la orice strigat de lauda si de bucurie din miezul zilei sau la orice geamat si oftat uneori in noptile tarzii, intunecate.
Stiu ca a coborat la noi, Fiul Lui Dumnezeu, a dat florilor culoare si parfum, a adus eliberare, videcare, bogatie, pace. A impacat lumea cu Sine.

Pentru noi cerul e vesnic deschis, ba chiar mai mult, purtam cerul in noi. Cand spunem o vorba de incurajare, cand stergem o lacrima si plangem cu cei ce plang, cand imprastiem in jur zambete, cand ajutam, cand iertam, cand iubim… aratam cerul deschis celor din jur…. cerul din noi.

Noaptea magica de Sanziene

E-o noapte magica-n gradina fermecata,
Si totul e cuprins de-adanc mister,
Incet, din stele, coborand o nestemata,
Deschide iar o poarta dinspre cer.

Invaluite-n abur si lumina,
Danseaza zane-n rochii de argint,
Iar flori de aur in suvite se anina,
Si ploua binecuvantari peste pamant.

Vazduhul freamata de melodie,
Si se-nching hore in poiene,
Pamantul e cu Ceru-n armonie,
In noaptea magica… de Sanziene!

Dar noi avem o Poarta ce-I deschisa neincetat,
Si noaptea magica e-o Dimineata vesnica de Har,
Caci Domnul nostru, Regele… a inviat,
El ne-a dat Cerul si Viata vesnica in dar.

E-o noapte magica-n gradina fermecata,
Si totul e cuprins de-adanc mister,
Aud, duios de printre stele, al meu Tata,
Soptind; Curand vei fi cu Mine-n Cer!

Urare de Craciun

De Craciun, noi va dorim
Sa fiti plini de Stralucire
Sa aveti paharul plin
De Belsug si Fericire
Pruncul Sfant, Domnul Isus
Sa va puna-n inimi Pace
Si din slavile de sus
In Lumina sa va-mbrace
Intotdeauna pe carare
In bezna noptii sa fiti Far
Pamantului sa-i fiti Sare
Sa fiti coplesiti de Har

Iar pe fete sa se vada
Zambetul si Bucuria
Lumea-ntreaga sa-nteleaga
Ca-n voi s-a nascut Mesia!

Urare Mariei

Sa ai zambete-n privire,
Si dulceata-n al tau glas,
Raspandeste-n jur iubire,
Pe carare pas cu pas.

Fii o floare, fii parfum,
Raza blanda dimineata,
Celor ce-s pierduti pe drum,
Lumineaza-le viata.

Soapta fii si mangaiere,
Pentru cei indurerati,
Fii balsam pentru durere,
Zambet pentru intristati.

Lasa-ti sufletul sa planga,
Cu cel care-i in necaz,
Inima sa ti se franga,
Sterge lacrimi de pe-obraz.

Canta cu cei care canta,
Viata-ti fie armonie,
Fii o melodie sfanta,
Plina fii de bucurie.

Fii o jertfa pe altar,
Si pastreaza-ti marturia,
Vesnic imbracata-n Har,
Fii tu insuti, fii Maria!

Urme de fund in nisip (adaptare a poemului "Butt prints in the sand")

Odata am avut un vis, ciudat
Imi amintesc... s-a intamplat parca ca ieri,
Vedeam urmele Domnului in nisipul alb, curat
Dar ale mele nu erau niciunde, nicaieri.

M-am tot uitat in juru-mi tulburat,
Cum alta urma mult mai mare si rotunda,
a aparut... si o priveam mirat,
Cum in nisipul ud, incet, incet, se-afunda.

L-am intrebat pe Domnul ce-i cu ea,
Si mi-a raspuns cu vocea-I minunata;
Iti amintesti cum te-am purtat in vremea grea,
Intotdeauna-n Bratele-Mi puternice de Tata,

Si cum sa umbli Eu te-am invatat,
Doar prin credinta, zi de zi, pas dupa pas,
Dar tu n-ai vrut, te-ai razvratit, n-ai ascultat,
Si tot pe loc, pe loc, pe cale ai ramas.

N-ai vrut sa cresti la fel ca orice bun crestin,
Si-acum secretul nu mai vreau s-ascund,
Iubindu-te am incetat sa te sustin,
Si tot din dragoste te-am aruncat in fund.

Pentru ca vine-un timp in a ta viata,
Cand trebuie sa te ridici cu orice chip,
Si sa pasesti plin de curaj, pe drum in fata,
Sau iti ramane iarasi, fundul-urma in nisip.

Urme de pasi in nisip   (adaptare a poemului "Footprints in the sand")

Intr-o noapte am visat un vis... asa frumos,
Eu ma plimbam pe malul apei mana-n mana cu Hristos,
El imi zambea, si stralucea lumina pe-al Sau chip...
Iar pasii nostri lasau urme-adanci sapate in nisip.

Paseam cand jos prin vale cand uneori pe munte sus,
Vedeam in pasul Lui un loc unde sa-mi fie pasu-mi pus,
Impreuna, cei doi pasi alaturi, pasul Sau si-al meu,
In drumul nostru-n fiecare zi spre cer, spre Dumnezeu.

Dar am privit in urma si am plans si… m-a durut,
Caci urmele pasilor Lui, deodata… nu le-am mai vazut,
Cand am fost trist, bolnav, cazut si abatut,
De ce? De ce-atunci Doamne, chiar atunci ai disparut?

M-am tulburat in noapte si cu lacrimi am strigat;
Sa inteleg ca uneori pe cale singur am umblat?
In ziua cea mai grea in cel mai sumbru ceas,
Parinte, pe nisp vazut-am doar un pas!?

-Nu pot pricepe, am crezut ca esti cu mine zi de zi, mereu
Dar Tu m-ai parasit atunci cand mi-a fost cel mai greu!
-E-adevarat…un singur rand de pasi vazut-ai pe carare,
Dar visul tau, o alta, simpla, explicatie are;

Cand prin furtuni ai fost cazut si slab si obosit,
Copilul Meu, Eu nicicand nu te-am parasit,
Intotdeauna cu iubire, bucuros prin lume te-am purtat,
Te-am mangaiat, ti-am dat puteri si-n Brate te-am luat.

Deci urma ce-ai vazut, doar una, cand 'ti-era mai greu,
Pe malul apei, sta ca marturie inca astazi… Pasul Meu!
……………………………………………………………………………
Vad inca, uneori si azi, o Urma… doar un rand de Pasi pe cale,
Si strig; Slavit sa fii Parinte! Slava Tie! Osanale!
Merg inainte, orice-ar fi prin Haru-Ti, plin de pace, bucuros
Ma plimb pe malul apei mana-n mana cu Hristos!

Vara

In Haine noi de sarbatoare,
Zambind discreta… cocheteaza,
Cu mii de flori la cingatoare,
Sclipind misterios in soare,
Vesela, desculta-n iarba, ea… danseaza.

Fluturi, in culori de nedescris,
S-au incins si ei la joc,
In campie, macii rosii s-au aprins,
Tot pamantul e cuprins,
De suflul ei mangaietor, de foc.

Gladiole, margarete si petunii,
Ii impletesc o coronita,
E admirata prin livezi de toti alunii,
Si sub privirile mirate ale lunii,
E pentru-o vreme, cea mai sfanta iconita.

Un fulger a tasnit din nori,
Si-ngenunchiat i se inchina,
Ea sta pe tronul ei de flori,
Doi greieri scartaie-n viori,
Un imn de lauda pentru… "regina".

Insusi soarele o preamareste,
Si-o raza s-a 'mbatat de bucurie,
Canta astrele celeste,
Totul parca-i vis, poveste,
O eterna… euforie.

Toarce-n vatra casei un pisoi,
Si miroase-a paine neagra, de secara,
Tresalta izvorul cu-al apei suvoi,
Rasuna dealu-n behait de oi,
Ah, cat de mult te-am asteptat iubita Vara!

Viata

Alerg prin lume, alergi si tu
Viata se trece… nici un atu
Imbatranesc, imbatranim
Pe rand ne nastem, pe rand murim

Am fost copilul fara vre-o grija
Azi in genunchi eu am o tija
Ai fost fetita cu par balai
Azi nea curata in par tu ai

Fugeam prin iarba, cat ne jucam…
Azi cu "reuma"… abia umblam
Zburam ca vantul pe biciclete

Azi pe la doctori dupa tablete

Mancam de toate, n-aveam bariere
Azi zilnic facem "crize de fiere"
Ieri orice munte am fi urcat
Azi vrem s-ajungem pana la pat

As fi dormit pana l-amiaz'
Azi toata noaptea nu dorm… stau treaz
Demult… o data… faceam "prostii"
Azi stau in casa… scriu poezii

Ieri, "ce-o fi maine" parea un vis
Azi, "ce-a fost ieri" e paradis
A fost odata o primavara
Azi frunze cad si-i toama afara

Azi fug prin lume, fugiti si voi
Vom fi la urma cu totii goi
Cu noi vom duce, acolo sus
Doar ce-am facut pentru Isus

Zilele trec, altele vin
Traieste frate ca un crestin
Iubeste-n juru-ti, fa bine, iarta
Viata-i frumoasa… este o arta

Ce am iubit? Cat am iubit? Cum am iubit?
Ne urmareste in infinit
Coroana de slava de la Hristos
Viata noastra de-aici de jos.

Vine Domnul! Vine in curand!

Zvacneste planeta…
Razboaie-ntre neamuri
si vesti de razboaie se-aud peste tot,
Rasuna trompeta!

Foc, uragane, virus… tsunami
Sfarsitu-i aproape… socot'!

Inchisi stam in casa,
Si frica incet se asterne,
Caci moartea pe strazi da tarcoale,
Doar Susuru-Ti bland
si Vocea-Ti duioasa,
ne da alinare.

Tanjim dupa fluturi,
Si dupa-o simpla 'mbratisare,
O mana pe umar…
Un zambet, o floare,
Azi plangem sub masti si sub scuturi,
Singuratatea, Parinte, ne doare!

Ne doare, Ah Doamne ne doare
si dorul de nepoti, de parinti, de copii
Si dorul de pasari,
de parcuri, de soare
Si totusi prin toate simtim Mana-Ti tare
Si stim ca Isuse curand o sa vii!

Spre ceruri privirea
mi-o 'nalt… dimineata,
Plin de credinta astept, fericit
Astept nemurirea…
Slava, rasplata si Viata,
Mirele drag si iubit!

Splendoarea albastra,
admir seara de seara
Cu stele imi unesc cantarea.
Umila-mi fereastra
deschid larg… a-nchinare,
-'mi-e mult mai usoara asteptarea-

Miez de noapte…
Ma trezesc uneori,
-Din nou ma framanta un gand-
Deschid vechea Carte,
ascult Sfinte soapte…
Vine Domnul! Vine in curand!

Vine Toamna!

Incet se trece vara şi verdele se moare
Gradina inflorita işi pierde din culoare.

Mireasma florii piere, …. un abur in amurg
Cocorii albi in carduri, incet, incet se scurg.

Un cuib pustiu, sub grinda, in curte la bunici,
Ii duce deja dorul, voioasei randunici.

Iar sus pe hornul casei o barza agitata
Priveste melancolic, in jur, ultima data.

Din stana, de la munte, spre sat coboara-ușor
Țurcane albe, negre, pastori cuprinși de dor.

Harparetele omizi fac ravagii prin livada
Ordonate si „cuminti" au pornit a lor cruciada.

O frunza mica plange, speriata in cadere
Simtind pe propria-i piele a vantutui putere.

Batranii pomi, saracii, sunt tot mai necajiti
Ieri au fost plini de viata, azi tot mai ruginiti.

E seara tot mai iute si soarele-i mai trist
Doineste prins de jale un greier "chitarist".

Iar ploaia-i tot mai rece și norii-s tot mai gri
Uscate, arse, ofilite, intinsele campii.

Apare-n dealuri Toamna, coborand la pas spre vale
E pe drum, ajunge sigur, … nu e alta cale!

………………………………………….

Ma cuprinde o tristete… insa remediabila
Caci aud ca anu-acesta, Toamna va fi agreabila.

Vis de "om mare"

Incet se lasa noaptea peste sat
La datorie, luna veche se… aprinde
Iar eu, sub duna-nfrigurat, in pat

Incerc sa ma conving c-am fost cuminte.

Langa fereastra, doua ghete pregatite,
Lucesc, de zici ca parca-s stelele pe cer
Au fost, vreo patru ore, cu migala lustruite
Acum n-a mai ramas nimic...decat sa sper.

Adorm tarziu, visand frumos la masinute si avioane
Dar si-un cosmar cu "joarde", "tras de-urechi "....si-o "mama de bataie"
Aud un zgomot mai ciudat, pe la vecini pe la soproane
Si pot sa jur ca l-am vazut trecand in fuga, chiar pe Mosu Nicolae.

Sar ca ars din patu' incalzit de-acuma,
Si ma lovesc usor de-un colt de mobilier
Rade de mine, prin fereastra, plictisita, luna
Iar eu, om mare-n pijama, realizez ca-s efemer.

Zbor de toamna

Ma plimb prin toamna pe aleile-n rugina,
Si frunze frante plang sub pasii mei desculti,
Zambeste printre nori timida-o raza de lumina,
Iar vantul printre ramuri canta-ncet, de vrei s-asculti.

Ma plimb prin toamna sub stropii reci de ploaie,
La brat cu gandurile mele, pe carari, tarziu
Sunt fericit, si-mi curg pe-obraz lacrimi siroaie,
La amintirea c-am fost rob si-acum sunt fiu.

Ma plimb prin toamna coplesit de Har,
Si ma prostern si eu ca frunzele, cuprins de dor,
Inghenunchiat ma-nchin sub aripile vechiului stejar,
Cu ochii-nchisi, visand la cer, ma pomenesc ca zbor.

Zece frati

Zece frati au vrut sa faca,
Ei o Adunare noua,
Unul n-a venit la claca,
Si-au ramas doar noua.

Noua frati cand au votat,
Unul mai "necopt"
A fost foarte suparat,
Si-au ramas doar opt.

Opt frati pe loc au ales,
Un pastor mai "papa-lapte"
Unul nimic n-a 'nteles,
Si-au ramas doar sapte.

Sapte frati au hotarat,
Pe unul sa-l... lase,
Ca era mai amarat,
Si-au ramas doar sase.

Sase frati cu noi idei,
Cu noi vise, noi lozinci,
Unul n-a vrut ca si ei,
Si-au ramas doar cinci.

Cinci frati de-acum s-au vorbit,
Facem amfiteatru,
Insa unu-a fost zgarcit,
Si-au ramas doar patru.

Patru frati au vrut sa-mparta,
...totul intre ei,
Dar s-au pus din nou pe cearta,
Si-au ramas doar trei.

Trei frati care mai de care
Si-au zis; cine e ca noi,
Unul s-a crezut mai mare,
Si-au ramas doar doi.

Doi frati... cei mai buni,
Cei dintai... cu planul,
Unul s-a "spalat pe maini"
Si-a ramas doar unul.

Un frate ramas, plange-n pocainta
N-are unde sa mai plece,
Prin har si credinta
Ajung iarasi zece.

Zece frati intr-o cascioara,
Canta, plang… se iarta,
Nu mai vor ca-ntaia oara,
Sa se mai desparta.

Ziua Femeii

Ca soarele de primavara,
Sa-ti fie inima si sufletul mereu,
Sa-ti fie glasul, sunet dulce de vioara,
Sa ai o viata fericita si usoara,
Si sa-ti zambeasca zilnic Dumnezeu.

Ca ghiocelul plin de gingasie,
Sa-ti fie 'mbratisarea neincetat,
In dimineti, sa stralucesti cu bucurie,
Sa fii in lume-o marturie, vie,
A dragostei, cu care Dumnezeu te-a inzestrat.

Ca stelele, pe bolta albastra…o scanteie,
Veghind asupra noastra zi de zi,
Muza iubirii, in milioane de condeie,
Sa fii intotdeauna, unica… FEMEIE
E cel mai sfant si minunat ce poti sa fii!